M 1641.
2.

18528

EDDA.

EDDA,
OU
MONUMENS
De la Mythologie & de la Poésie des anciens peuples du Nord.

PAR Mr. P. H. MALLET,

Ci-devant Professeur Royal à Copenhague, Professeur honoraire de l'Académie de Genève, Membre de celles d'Upsal & de Lyon, de la Société des Antiquités de Cassel & Correspondant de l'Académie Royale des Inscriptions & Belles-Lettres de Paris.

TROISIÈME ÉDITION
Revue, corrigée & considérablement augmentée.

A GENÈVE,
Chez BARDE, MANGET & Compagnie,
Imprimeurs-Libraires.
Et à PARIS, chez BUISSON, Libraire,
rue des Poitevins.

MDCCLXXXVII.

AVANT-PROPOS.

Je ne sais si dans la multitude des objets intéressans que l'histoire offre à la réflexion, il en est de plus digne de nous occuper que les diverses religions qui ont paru avec éclat dans le monde.

C'est sur cette scène, si j'ose ainsi parler, que les hommes sont véritablement représentés tels qu'ils sont, c'est là qu'ils se caractérisent par les traits les plus expressifs, c'est là qu'ils déployent tout ce qu'ils ont de foiblesses, de passions, de besoins dans le cœur, de ressources, de talens & d'imperfections dans l'esprit.

L'étude seule des religions nous fait comprendre tout ce que peuvent les préjugés pour dégrader notre nature, tout ce que peuvent de sages principes pour nous élever au-dessus de nous-mêmes. Si notre cœur est un abyme, elles seules ont produit au jour tout ce qu'il cache ; elles seules ont donné à ce cœur toutes les formes qu'il lui étoit possible de recevoir. Elles triomphent de ce qu'on eût cru le plus essentiel à notre nature. L'homme devient à leur gré une brute ou un ange.

Ce n'est pas toute l'utilité de cette étude ; sans elle point de connoissance approfondie des nations. Qui ne connoît leur influence sur les mœurs & sur les loix ? Fondues, pour ainsi dire, dans le système des divers peuples, elles ont tenu à tout ce qu'ils ont pensé, à tout ce qu'ils ont fait. Ici elles ont enhardi, soutenu le despotisme ; là elles lui ont donné un frein : l'esprit de plus d'une république n'a été que le leur ; souvent les conquérans n'ont vaincu qu'avec leurs armes, & elles ont presque toujours été l'ame de la politique ou ses bras.

La religion met de si grands ressorts en mouvement, elle fait parler de si pressans intérêts, que si elle n'est pas née analogue au caractère de la nation qui l'a embrassée, elle lui en donnera un analogue au sien; il faut qu'une de ces deux forces triomphant de l'autre l'unisse à soi pour en être augmentée: ce sont deux fleuves qui joints ensemble forment un courant commun plus rapide qui entraîne tout avec soi.

Mais dans cette multitude de religions toutes ne sont pas également dignes de nos recherches. Il y a chez quelques peuples barbares des croyances sans idées, des pratiques sans objet, que la crainte a dictées une fois, & qu'une habitude machinale perpétue. Un coup-d'œil jeté sur de telles religions suffit pour en embrasser tous les rapports.

Il faut à ceux qui pensent des objets

Contraste insuffisant

NF Z 43-120-14

plus relatifs à eux-mêmes; ils ne se mettent point à la place d'un *Samoiede*, ou d'un *Algonquin*; mais pourroit-il leur paroître indifférent de connoître des religions qui ont fait long-temps la destinée de cette partie du monde qu'ils ont sous les yeux?

Je ne parle point ici, comme on le voit, de la révélation que des motifs d'un ordre supérieur nous font une loi d'étudier sans cesse.

Deux religions principales se sont partagé pendant plusieurs siècles la possession de ces mêmes pays dont le christianisme fait aujourd'hui le bonheur. Pouvons-nous savoir toutes les obligations que nous lui avons, si nous ignorons de quels principes & de quelles opinions il nous a délivrés?

Je sais bien qu'on s'est assez occupé à développer l'une de ces deux religions. De combien de livres la mythologie Grecque & Romaine ne fait-elle pas le sujet ? Il y en a sur de petites divinités adorées dans une bourgade seulement, ou nommées en passant par un ancien ; il y en a sur les plus légères circonstances, sur les monumens les plus indifférens du culte qu'elle prescrivoit. On seroit peut-être fondé à dire qu'il ne nous manque qu'un livre où l'on auroit tâché d'en développer l'esprit, & de marquer l'influence qu'elle avoit sur la morale & la politique.

Cependant cette religion n'étendit jamais son empire en Europe que sur la Grèce & l'Italie. Et comment eût-elle poussé de profondes racines chez les peuples conquis qui haïssoient les dieux de Rome, & comme dieux étrangers & comme dieux de leurs maîtres ? Cette religion si célèbre dont les enfans même chez nous étudient les principaux dogmes étoit donc resserrée dans des bornes assez étroites, pendant que la meilleure partie des Gaules & de la Bretagne, la Germanie, la Scandinavie, en fuivoient affez uniformément une autre, depuis les temps les plus reculés.

C'eſt cette religion celtique (1) que les Européens peuvent appeler avec fondement la religion de leurs pères, l'Italie même ayant reçu dans fon fein plus d'un peuple conquérant qui en faifoit profeſſion : c'eſt cette religion qu'ils fuivroient apparemment encore, s'ils euſſent toujours été laiſ-

---

(1) Que les favans appellent cette religion, en France Gauloife, en Angleterre Britannique, en Allemagne Germanique, &c. il importe peu. On avoue aujourd'hui partout qu'elle étoit la même dans tous ces pays, du moins quant aux dogmes fondamentaux. Comme je la confidère toujours ici par ce qu'elle avoit de général; j'employe le terme de *celtique* comme le plus univerfel, fans prétendre entrer dans toutes les difputes auxquelles ce mot a donné lieu, & qui ne viennent, peut-être, que de ce qu'on ne s'entend pas.

fés à eux-mêmes & à leurs ténèbres : c'est cette religion que comportent, qu'inspirent, si j'ose ainsi parler, notre climat, notre naturel, nos besoins ; car qui peut nier que dans les fausses religions il n'y ait mille choses relatives à ces différens objets ? C'est cette religion enfin dont le christianisme ayant triomphé après de longs combats n'a pu cependant détruire entièrement toutes les traces.

Il peut donc être permis de demander pourquoi tous les yeux se font fixés sur le paganisme des Grecs & des Romains, pendant qu'il se trouve si peu de personnes, même parmi les gens de lettres, qui ayent quelque notion de la religion dont nous parlons ? Auroit-on accordé cette préférence à une supériorité naturelle des dogmes & du culte de ces nations savantes, qui en fit un sujet de recherches satisfaisant par lui-même ? Mais qu'étoit-ce au fond que ce cahos d'opinions & de pratiques, où l'on ne voit rien de lié ni de suivi, & où parmi les contradictions & les ténèbres perçoient à peine quelques lueurs de raison & de génie ? Qu'étoit-ce que cette religion grossière qui toute occupée de ses cérémonies superstitieuses, guidée par une crainte aveugle, sans principe fixe, sans vue pour le bien de l'humanité, sans consolations raisonnables, arrêtant tout au plus la main dans quelques circonstances, abandonnoit, livroit même souvent le cœur à toutes ses foiblesses ? Quelqu'un a-t-il pu craindre de trouver chez les nations sauvages des idées de religion plus flétrissantes pour l'humanité ?

Mais on n'a peut-être étudié la mythologie grecque que pour développer l'origine de divers usages qui régnent encore de nos jours en Europe. On ne peut nier en effet qu'il ne soit souvent nécessaire d'y remonter quand on veut expliquer quelques singularités de nos mœurs dont il est plus aisé de trouver la cause que la raison.

Mais l'étude de la religion Celtique n'eût-elle pas conduit à des découvertes du même genre, & peut-être à de plus intéressantes encore ? Une génération imite celle qui l'a précédée : les fils héritent des sentimens de leurs pères, & quelque changement que le temps puisse produire, il y a toujours dans les mœurs d'une nation bien des choses qui tiennent aux opinions de ses fondateurs. Ces fondateurs de nos nations sont les Celtes, & la suite de cet ouvrage montrera peut-être que leurs opinions, quoiqu'oubliées, subsistent toujours dans quelques-uns des effets qu'elles ont produits. Ne seroit-ce point ainsi, par exemple, que l'admiration pour le métier des armes auroit été poussée parmi nous jusqu'au fanatisme, & que pendant des siècles entiers les Européens fous par système & féroces par point d'honneur se seroient battus avec tant de zèle sans autre vue que celle de se battre? Ne seroit-ce point ainsi que les femmes respectées & servies auroient été long-temps les arbitres des actions glorieuses, le but & le prix des grands exploits, & qu'elles jouiroient encore de mille préférences que partout ailleurs le sexe le plus fort s'est réservées? Ne pourroit-on point expliquer par cette religion Celtique comment la jurisprudence de toute l'Europe a pu admettre, pour l'éternel étonnement de la postérité, des combats judiciaires & des épreuves par les élémens; comment de nos jours même, le peuple est encore infatué du pouvoir des sorciers, des magiciens, esprits, génies cachés sous terre ou dans les eaux, &c.? Enfin ne trouveroit-on pas dans ces opinions religieuses la source du merveilleux que nos pères employoient dans leurs romans, système de merveilleux inconnu aux anciens, & peu développé jusqu'à présent, dont on voit des nains, & des géans, & des génies faire mouvoir tous les ressorts conformément à un certain caractère qu'ils soutiennent toujours?

Quelles peuvent donc être les causes qui ont fait si constamment négliger l'étude de la religion Celtique? Je crois d'abord en trouver une dans l'idée qu'on se fait ordinairement des peuples Celtes en général, & surtout des Germains & des Scandinaves. On les enveloppe sans distinction sous le nom de Barbares, & l'on croit que ce mot une fois prononcé renferme tout ce qu'on peut en dire. Rien de plus commode pour se dispenser d'une étude qu'on regarde comme peu agréable, mais aussi rien de moins satisfaisant pour l'esprit. Quand on prendroit ce terme à toute rigueur, ce ne seroit pas une raison de détourner constamment les yeux de dessus un peuple dont les exploits & les institutions tiennent une place si considérable dans l'histoire. Mais doit-on en effet se le représenter comme une troupe de sauvages doués tout au plus de la figure humaine, détruisant & ravageant sans but & par un instinct féroce, privés de toute notion de religion & de police, de vertu & de bienséance ? Est-ce là l'idée que nous en donne *Tacite*, lui qui né & élevé dans l'ancienne Rome envioit cependant tant de choses à l'ancienne Germanie ? Je ne nierai point qu'ils n'aient été bien éloignés d'avoir cette politesse, ces lumières & ce goût qui nous font rechercher, avec un empressement souvent puérile, tous les débris de ce qu'on appelle l'antiquité par excellence; mais en convenant du prix de ces choses, faudra-t-il s'y montrer sensible au point de refuser de connoître un autre ordre d'antiquités qu'on nommera barbares, si l'on veut; mais auxquelles nos mœurs, nos loix, & nos gouvernemens nous rappelent sans cesse?

L'étude de la religion celtique n'a pas seulement paru un champ dénué de fleurs & de fruits; on l'a cru rempli de difficultés insurmontables. Cette religion défendoit, comme on le fait, à ses sectateurs de divulguer ses mystères en les écrivant, & l'ignorance ou la paresse qui avoient dicté cette défense n'en assuroient que trop l'effet. On n'a donc cru pouvoir se guider dans cette recherche que par ces foibles rayons qui se trouvent épars dans les écrits des Grecs & des Romains, & dès-lors il étoit naturel qu'on s'en dégoutât. En effet pour ne rien dire de la difficulté de réunir ces différens traits, & de les concilier en les corrigeant les uns par les autres, ne sait-on pas qu'il n'y a rien au monde sur quoi les hommes soient moins portés à se rendre justice que sur les diverses religions qui les partagent? Et quelle satisfaction peut trouver un homme qui aime la vérité, dans ces lectures où l'ignorance & la partialité se décèlent d'elle-mêmes à chaque phrase? Quelque beau que soit le nom de Grecs & de Romains de ces auteurs, il n'a pu rassurer ceux de leurs lecteurs qui demandent des notions exactes. Divers exemples ont pu même en faire un préjugé légitime contr'eux. On voit que les nations qui se piquent le plus de politesse & de lumières sont souvent celles qui ont des étrangers les idées les plus fausses & les plus injurieuses. Eblouies de leurs succès, tout occupées d'elles-mêmes, elles se persuadent aisément qu'elles sont la source unique où l'on peut puiser l'idée du bon & du beau. De-là cette habitude de rapporter tout à soi-même, à ses mœurs & à ses usages qui caractérisoit autrefois les Grecs & les Romains, & qui leur faisoit retrouver *Mercure*, *Mars*, *Pluton*, leurs divinités & leurs dogmes chez les peuples qui n'en avoient souvent pas ouï parler.

Mais quand même on n'auroit pas eu ces raisons de se défier des relations dédaigneuses & précipitées que les anciens nous ont laissées de leurs voisins les barbares, quand le peu qu'ils en ont dit auroit été exact, y avoit-il encore là de quoi s'intéresser à la religion Celtique ? Quelques mots sur le culte extérieur d'une religion en font-ils connoître l'esprit ? Découvrent-ils cette chaîne souvent cachée qui unit entr'eux les différens dogmes, les préceptes & le culte ? Peuvent-ils nous donner une idée des sentimens qu'elle répandoit dans les ames, & de l'ascendant qu'elle étoit capable de prendre sur ses sectateurs ? Assurément nous n'apprenons rien de tout cela chez les anciens, & dès-lors comment intéresser des lecteurs qui n'estiment dans l'érudition que ce qui porte une véritable lumière à l'esprit ?

Ce ne sera jamais en effet que de la bouche même de ceux qui professent une religion qu'on pourra apprendre à la bien connoître. Tout interprète est infidelle en pareil cas; quelquefois il condamne & calomnie ce qu'il explique, souvent il ose expliquer ce qu'il ne comprend pas. A la vérité l'on peut rendre compte de quelques dogmes simples & clairs, mais c'est surtout par les sentimens qu'une religion produit qu'elle déploye son caractère, & ces sentimens peuvent-ils se transmettre par un tiers qui n'en est point animé? Il faudroit donc pour tirer de son obscurité cette religion celtique aussi ignorée maintenant qu'elle fut autrefois étendue pouvoir en quelque manière faire revivre ces anciens poëtes théologiens de nos pères, les consulter, les entendre dans l'horreur de leurs forêts ténébreuses réciter ces hymnes mystérieux & sacrés dans lesquels ils renfermoient tout le système de leur religion & de leur morale. Rien ne nous échapperoit alors de ce qu'il nous importe d'en connoître; ces instructions répandroient des lumières sûres dans l'esprit; le plus ou moins de chaleur, le style, le ton de leurs discours, tout, en un mot, concourroit à en faire sortir le sens, à nous mettre à la place de leurs auteurs, à entrer dans leur esprit & dans leurs sentimens.

Mais pourquoi former des souhaits inutiles ? Nous ne trouvons partout, au lieu de ces poésies, que des regrets de les avoir perdues. De tous ces vers des anciens Druides que la jeunesse employoit souvent vingt années à apprendre, il ne nous reste pas même quelqu'extrait, quelque foible esquisse. Le temps, & un faux zèle ne les ont pas plus épargnés en Espagne qu'en France, en Allemagne qu'en Angleterre. Je l'avoue, mais n'eût-on point dû chercher ces monumens dans les pays convertis plus tard à la foi? Les hymnes dont nous parlons ne se seront-ils pas plutôt conservés dans le Nord, que dans des pays où ils avoient à lutter cinq ou six siècles de plus contre le temps & la superstition? Ceci n'est point une conjecture; c'est l'histoire de ce qui est réellement arrivé. Nous possédons effectivement quelques-uns de ces hymnes si souvent regrettés, & un extrait étendu d'un grand nombre d'autres. Cet extrait fait il y a plusieurs siècles par un homme connu, & à portée des sources, écrit dans une langue qui n'est point inintelligible, conservé dans plusieurs manuscrits qui portent des caractères indubitables d'ancienneté; cet extrait est le livre qu'on appelle *Edda*, monument tout-à-fait unique en son espèce, singulier par les choses qu'il contient, & si propre à répandre du jour sur l'histoire des opinions & des mœurs, qu'on doit s'étonner de ce qu'il n'a pas été jufqu'à préfent plus connu.

A la vérité il régne de l'obfcurité dans cet ouvrage; mais cette obfcurité n'eft pas abfolument impénétrable; & la critique aidée d'une étude un peu approfondie des opinions & des mœurs des autres peuples Celtes, peut y répandre affez de jour pour qu'il ne nous échappe rien de fort important. Ce qu'il y a de plus néceffaire d'abord pour le bien entendre, & ce qu'on n'a pas toujours obfervé, c'eft d'entrer dans les vues de l'auteur de cette compilation, & de fe tranfporter au milieu de la nation pour laquelle il écrivoit.

Et d'abord il eft aifé de juger que l'*Edda* écrit en Iflande pour la première fois, peu de temps après que la religion payenne venoit d'y être abolie, devoit avoir un autre ufage que celui de faire connoître des

dogmes

dogmes à peine oubliés. Auſſi je crois qu'en liſant attentivement cet ouvrage, on ne ſauroit s'y méprendre. L'*Edda* n'étoit qu'un cours de poéſie à l'uſage des jeunes Iſlandois qui ſe deſtinoient à exercer la profeſſion de *Scaldes* ou de *Poëtes*. Dans cet art comme dans les autres ceux qui ſe diſtinguent les premiers acquièrent à meſure qu'ils deviennent anciens le droit d'être imités ſcrupuleuſement, quelquefois même dans ce qu'il y a de plus indifférent. Les peuples du Nord accoutumés à voir *Odin* & *Frigga*, les *génies* & les *fées* figurer dans la poéſie, vouloient encore y retrouver leurs noms, les voir agir, & les entendre parler conformément à l'idée qu'ils s'étoient faite une fois de leurs caractères & de leurs fonctions. C'eſt par l'effet d'une pareille habitude que tant de poëtes de collége n'oſent encore de nos jours priver leurs vers

B

des ornemens usés de la fable ancienne & qu'au mépris de la raison, du goût, & de la religion même, on en a vu combiner ensemble l'évangile & la mythologie, faire converser les faux dieux & les anges, les nymphes & les apôtres. Si nos Islandois n'ont pas donné dans ces excès, ils ont du moins fait long-temps des vers dans ce qu'ils appeloient sans doute le goût ancien; & l'on m'assure même, que ceux qui se font aujourd'hui en Islande en conservent souvent diverses traces. La poésie ayant ainsi continué à rendre nécessaire la connoissance de la mythologie Celtique, il dût venir aisément dans l'esprit de quelqu'amateur de cet art, de composer une sorte de dictionnaire des expressions figurées employées par les anciens Scaldes, & dont les nouveaux étoient aussi flattés d'embellir leurs vers que nos modernes poëtes latins le sont d'enrichir leurs vers d'allusions à la mythologie grecque. Ce dictionnaire ne pouvoit devenir utile qu'autant qu'on y trouvoit jointe à l'expression figurée la fable qui avoit donné lieu à cette figure. Ainsi quand on lisoit dans le dictionnaire que la terre s'appeloit poétiquement le corps du géant *Ymer*, que le dernier jour étoit le *crépuscule des dieux*, la poésie le *breuvage d'Odin*, les géans les *fils de la gelée*, &c. on devoit souhaiter naturellement de savoir l'origine de ces singulières façons de parler. C'est donc pour en faciliter l'intelligence que l'auteur de l'*Edda* a écrit, & je ne suis pas surpris que ce livre ait paru une production bizarre & inintelligible à ceux qui ont ignoré ses vues.

On comprend aussi dès-lors pourquoi cet ouvrage est divisé en deux parties principales. La première est ce cours abrégé de la mythologie qu'il falloit étudier pour pouvoir entendre les anciens *Scaldes*, sentir la force des figures, des épithètes & des allusions dont les vers étoient remplis. C'est-là ce qu'on nomme proprement l'*Edda*. La seconde partie est une poétique qui renferme un catalogue raisonné des mots que les poëtes employent le plus souvent, un traité de la langue & de l'orthographe anciennes, & une explication du méchanisme des différentes sortes de vers. De-là vient que cette partie est intitulée *Scalda*, ou *poétique*. Elle est assez étendue, & suppose tout à la fois qu'il y avoit déjà eu un nombre prodigieux de poëtes chez ces peuples, & que l'auteur possédoit dans ce genre une très-vaste érudition. Ce n'est pas sans étonnement, il faut l'avouer, qu'on trouve une poétique aussi complète parmi ce peu de monumens qui nous restent de l'ancienne

Scandinavie, c'est-à-dire, chez ces Goths & ces Normans qui ont replongé l'Europe dans l'ignorance, & que plusieurs nations ont eu de si justes sujets d'accuser de férocité & de barbarie. Eût-on cru devoir attribuer à de pareils hommes un goût si décidé pour un art qui semble exiger des ames sensibles, des esprits cultivés, des imaginations vives & brillantes, pour un art qu'on jugeroit au premier coup-d'œil être un des derniers raffinemens du luxe & de la politesse?

J'ai cru trouver dans la passion favorite des anciens *Scandinaves*, dans le peu d'usage qu'ils faisoient de l'écriture, & surtout dans leur système religieux, les causes de l'amour qu'ils avoient pour la poésie. De nouvelles recherches que j'ai faites depuis ce temps-là m'ont encore présenté les mêmes résultats, & j'espère que la lecture de l'*Edda* dissipera les doutes qui ont pu naître dans les commencemens de la nouveauté & du peu de vraisemblance des faits que j'avançois.

Il me reste à présent à faire en peu de mots l'histoire de ce livre, & à rendre compte de mon propre travail. J'ai déjà insinué qu'il y a eu deux *Edda*. La première & la plus ancienne avoit été rédigée par *Sæmund Sigfusson*, surnommé le *Savant*, né en Islande environ l'an 1057. Cet auteur avoit fait des études en Allemagne, & principalement à *Cologne*, avec son compatriote *Are* surnommé aussi *Frode* ou le *savant*, qui se distingua comme lui par son amour pour les belles-lettres. (1) *Sæmund* fut un

---

(1) V. *Arii Frode Scheda seu Libellus de Islandia, edita ab And. Bussæo. Havn 1733. in præfat.* Cet *Are Frode* est le plus ancien de tous les historiens du Nord dont nous ayons aujourd'hui quelque ouvrage. Il avoit

des premiers qui osèrent mettre par écrit les anciennes poésies religieuses que beaucoup de personnes savoient encore par cœur dans ce temps-là. Il paroît qu'il se borna à réunir en un seul corps celles d'entre ces pièces qui lui parurent les plus propres à fournir une abondante moisson d'expressions & de figures poétiques. Il n'est point décidé que ce recueil qui étoit, à ce que l'on conjecture, fort considérable, soit aujourd'hui perdu; mais sans entrer dans cette discussion, il suffit de dire que trois des pièces dont il étoit composé, & peut-être les trois pièces les plus importantes sont parvenues jusqu'à nous. On les fera connoître plus particulièrement dans le cours de cet ouvrage.

écrit beaucoup d'histoires qui sont perdues; ce qui nous reste concerne l'établissement des Norvégiens en Islande.

Cette première collection étant apparemment trop volumineuſe, obſcure à bien des égards, & d'un uſage peu commode, les jeunes poëtes durent ſouhaiter que quelqu'un tirât des matériaux qui y étoient raſſemblés, un traité de mythologie poétique, facile & intelligible. Environ 120 ans après, un autre ſavant Iſlandois ſe chargea de ce travail. C'eſt le célèbre *Snorro Sturleſon* né l'an 1179 d'une des plus illuſtres familles de ſon pays, dont il remplit deux fois la première magiſtrature, ayant été *juge ſuprême* d'Islande pendant les années 1215 & 1222. Il fut auſſi chargé de pluſieurs négociations importantes auprès des rois de Norvège qui travailloient ſans ceſſe à ſoumettre cette isle l'aſyle de leurs ſujets mécontens. *Snorron* qui ne s'étoit pas borné à la qualité d'homme de lettres n'en eut pas la fin ordinairement aſſez paisible. Une faction dont il s'étoit déclaré l'ennemi le fit assassiner comme il entroit dans la 62.me année de son âge, c'est-à-dire en 1241. (1) C'est à ses écrits, & en particulier à sa chronique des rois du Nord, que nous devons presque tout ce qu'il y a de raisonnable, de lié & de sûr

___

(1) V. *Peringskiold* in præfat. ad *Heimskringla Saga*, &c. Depuis que j'ai écrit ceci, on m'a fait observer que la seconde partie de l'*Edda* nomme des rois de Norvège qui ont vécu jusques en 1270, & qui ont ainsi survecu près de trente ans à *Snorron* : d'où l'on a inféré qu'elle doit être d'un auteur postérieur. Cependant comme la tradition & le sentiment le plus général la donnent à *Snorron*, il faudra peut-être se contenter de dire que quelque auteur plus moderne de quelques années aura ajouté un supplément de sa façon à l'ouvrage de *Snorron* par forme de continuation. Du reste quelque sentiment qu'on choisisse, la chose est peu importante. C'est la première partie de l'*Edda* seule qui nous intéresse ; & il nous suffit que l'auteur de cette partie, quel qu'il soit, y ait conservé fidèlement les anciennes traditions religieuses des peuples du Nord.

B v

dans l'ancienne histoire de ces vastes contrées. Il régne dans cet ouvrage beaucoup de clarté, de l'ordre, un style simple, un air de vérité & de bon sens qui doivent faire ranger cet auteur au nombre des meilleurs historiens de ce siècle d'ignorance & de mauvais goût. Il étoit aussi poëte, & ses vers firent souvent les délices des cours auxquelles il fut envoyé. Ce fut sans doute l'amour qu'il avoit pour cet art qui lui fit venir la pensée de donner une nouvelle *Edda* plus utile aux jeunes poëtes que celle de *Sæmund*. Il imagina donc d'extraire ce qu'il y avoit de plus important dans l'ancienne mythologie, d'en faire un système abrégé où l'on trouvât cependant toutes les fables qui servoient à rendre raison des expressions rapportées dans le dictionnaire poétique. Il donna à cet abrégé la forme de dialogue, soit que ce fut à l'imitation des anciens poëtes du Nord qui ont presque toujours choisi ce genre de composition le plus naturel de tous, soit qu'il y eût quelque tradition ancienne d'un entretien semblable à celui qui fait le sujet de l'*Edda*.

Ce nom d'*Edda* a souvent exercé la pénétration des étymologistes. Ce que l'on trouve de plus vraisemblable dans leurs conjectures est qu'il vient d'un terme de l'ancien gothique qui signifie *ayeule*. Dans le style figuré de ces anciens poëtes ce terme paroissoit propre sans doute à désigner une doctrine ancienne. L'*Edda* est précédée d'une préface (1) plus ou moins longue dans les divers originaux, mais également inutile & ridicule. Quelques personnes l'attribuent à *Snorron*, & en effet il peut en avoir écrit une partie qui contient

---
(1) Vid. *Verel.* ad *Hervar. Saga* p. 5.

les mêmes faits que le commencement de sa chronique ; mais le reste a sans doute été ajouté par quelque écolier, & à son insçu ; aussi ne se trouve-t-il pas dans le manuscrit conservé à *Upsal* qui est un des plus anciens.

Je n'ai point traduit ce morceau rempli d'inepties : je dirai seulement qu'on y remonte jusqu'à la création du monde & au déluge, qu'on passe de-là à l'empire des Assyriens, & qu'enfin arrivé à Troye dont on raconte d'étranges particularités, on trouve dans les héros de cette fameuse ville les ancêtres d'*Odin* & d'autres princes du Nord. On sait que ç'a été depuis des temps très-anciens la manie de tous les peuples d'Occident de vouloir descendre des Troyens. (1) Le bruit du siége de Troye ne

---

(1) *Timogène* cité par *Ammien Marcellin* rapporte déjà l'origine des Celtes aux Troyens.

se répandit pas seulement dans les contrées voisines ; il parvint aussi chez les peuples Celtes : les Germains, les Francs en conservoient probablement des traditions dans leurs hymnes historiques, puisque leurs premiers écrivains faisoient déjà remonter jusqu'à eux l'origine de leur nation. C'est aussi sans doute le même motif qui avoit fait imaginer le voyage d'*Anténor* dans le pays des *Hénétes*, & qui avoit conduit *Enée* en Italie pour y bâtir *Rome*.

Cet entretien qu'un roi de Suède est supposé avoir à la cour des dieux fait la première & la plus intéressante partie de l'*Edda*. Les principaux dogmes de la théologie des Celtes y sont exposés, non d'après leurs philosophes, & cette distinction est importante, mais d'après leurs scaldes ou poëtes. En la lisant avec soin, on découvre à travers la simplicité rustique du style plus d'art & de méthode qu'on n'en auroit attendu, & l'on s'apperçoit que tout forme un système assez bien lié, ce qu'on ne peut dire, je crois, d'aucun livre de mythologie grecque ou romaine. C'est cette partie seule de l'*Edda* que je me suis appliqué à traduire avec exactitude, & à éclaircir par des remarques. La seconde qui est aussi un dialogue, mais entre d'autres personnages, ne consiste qu'en récits de différens événemens qui se sont passés entre les dieux. Parmi ces fables dont aucune ne renferme quelque point important de la religion celtique, quoiqu'elles soient toutes puisées dans cette source, je n'ai fait connoître que celles qui m'ont paru ingénieuses ou propres à la peinture des mœurs. Je n'en ai même donné qu'une idée très-générale. Je prie ceux qui pourroient y avoir regret de considérer que ce que je fupprime ne leur apprendroit rien, & que dans les chofes dépourvues d'utilité il faut du moins que l'agrément ferve d'excufe.

A l'égard du traité de poétique qui termine l'*Edda*, on fent bien que ce que je puis en dire fe borne à quelques remarques, & à quelques exemples choifis dans le petit nombre d'articles qui peuvent être traduits. Les trois pièces qui nous reftent de l'ancienne *Edda* de *Sæmund* méritent beaucoup d'attention & par leur antiquité, & par les chofes qu'elles contiennent. L'une nommée *Volufpa* ou *oracles de la prophéteffe* femble être le texte dont l'*Edda* eft le commentaire. Dans la feconde nommée *Difcours fublime* fe trouvent les leçons de morale qu'on croyoit avoir été données par *Odin* lui-même. La troifième eft le chapitre *Runique*, ou un cours abrégé de l'ancienne magie

& particulièrement des enchantemens qu'on opéroit au moyen des lettres runiques. On trouvera à la suite de l'*Edda* des détails sur ces trois pièces; il me seroit difficile de me faire comprendre plutôt.

Quelques personnes ont prétendu que toutes les fables contenues dans l'*Edda* n'étoient que le fruit de l'imagination de son auteur; il semble même que ç'a été l'idée du célèbre *Huet*. On ne sauroit excuser ce savant homme d'avoir pris un ton décisif en traitant une matière qu'il entendoit aussi peu que les antiquités du Nord; tout ce qu'il en dit est plein d'inexactitudes, (1) pour ne rien

---

(1) V. *L'origine des romans*, p. 115. Ce qui étonne le plus c'est qu'il prétend avoir vu lui-même en Dannemarc les anciennes histoires du pays écrites en caractères runiques sur des rochers. Un autre auteur, M. *Deslandes*, dans son histoire de la philosophie, assure qu'on y trouve les mystères de l'ancienne

dire de plus. Suppofer que *Snorron* a inventé les fables de l'*Edda*, c'eſt prouver qu'on n'a lu ni ce livre, ni les autres hiſtoires du Nord, de l'Allemagne, de l'Angleterre; c'eſt ignorer que tous les anciens mémoires que nous avons fur ces pays, que des écrivains grecs & latins, que des monumens runiques, la tradition, les fuperſtitions populaires, les noms des jours, & pluſieurs façons de parler encore aujourd'hui en uſage, dépoſent unanimément que toute cette partie de l'Europe a adoré *Odin* & les dieux de l'*Edda*, pendant tout le temps qui a précédé le chriſtianiſme.

Cependant s'il étoit beſoin de répondre à une objection que la lecture ſeule de l'*Edda* & des remarques que j'ai ajoutées préviendront

---

religion. C'eſt là le fonds qu'on peut faire fur ce qui ſe débite d'un pays dans un autre pays éloigné.

assez, il n'y auroit qu'à jeter les yeux sur quelques fragmens de poésie de ces anciens Scaldes du Nord que j'ai traduits en François, & qui se trouveront à la fin de ce livre. On y reconnoîtra partout la même mythologie qui est exposée dans l'*Edda*, quoique les auteurs de ces pièces aient vécu dans des temps & des lieux différens de ceux où vivoient *Sæmund* & *Snorron*.

Ces doutes dissipés, il ne reste plus que ceux qu'on pourroit avoir sur l'exactitude de ces différentes traductions. J'avoue d'abord que je n'entends que fort imparfaitement la langue dans laquelle l'*Edda* est écrite. Cette langue est au Danois ou au Suédois moderne ce qu'est le langage de *Ville-hardouin* ou du *Sire de Joinville* au françois de notre siècle. J'aurois donc été plus d'une fois embarrassé, si je n'avois eu le secours des versions de l'*Edda* faites en Danois & en Suédois par des savans à qui l'ancien Islandois étoit familier. Non-seulement j'ai pu consulter ces traductions, mais en comparant les termes qui y sont employés avec ceux qui y répondent dans l'original, j'en ai presque toujours reconnu facilement l'identité, & par-là j'ai pu m'assurer que le sens de mon texte ne m'échappoit point. Dans les endroits où j'ai eu lieu de soupçonner que ces guides n'étoient pas assez fidelles, j'ai eu soin de consulter des personnes qui ont fait depuis long-temps une étude particulière de l'*Edda* & de la langue dans laquelle ce livre est écrit. J'avois surtout besoin d'un pareil secours pour rendre avec exactitude les deux fragmens de l'ancienne *Edda* nommés le *Discours sublime d'Odin*, & le *Chapitre Runique*; mais c'est aussi dans cette partie de mon travail que j'ai été le mieux secondé. Je dois cet avantage à M. *Erichsen* né en Islande, & qui joint à une connoissance très-étendue des antiquités de sa patrie, un discernement & une politesse qu'on ne rencontre pas toujours avec l'érudition. Il m'a mis en état de donner une traduction des deux pièces dont je viens de parler plus exacte que celle qui se trouve dans l'*Edda de Resenius*.

Je dois aussi beaucoup à ce dernier, & la justice exige que je le reconnoisse publiquement. *J. P. Resenius* professeur & magistrat de Copenhague vers la fin du siècle passé, étoit un homme savant & laborieux qui a signalé par plusieurs ouvrages son zèle pour la gloire des lettres & de sa patrie. Il est le premier qui ait donné une édition de l'*Edda*, & à quelques égards on peut dire qu'il a été jusqu'à présent le seul. Cette édition qui forme un gros in-4°. parut à *Copenhague* dédiée au roi Fréderic III en 1665. Elle renferme le texte de l'*Edda*, une version latine faite en partie par un savant ecclésiastique Islandois nommé *Magnus Olsen* ou *Olaï*, & continuée par *Torfæus*, une version Danoise de l'historiographe *Stephanus Olaï*, & des variantes tirées de différens manuscrits.

A l'égard du texte *Resenius* a pris le plus grand soin de le donner correct & authentique. Il a collationné plusieurs manuscrits dont la plupart se trouvent encore dans la bibliothéque du roi & dans celle de l'université; mais celui dont il a fait le plus d'usage, est un manuscrit appartenant au roi, que l'on juge être le plus ancien de tous, du 12me. ou du moins du 14me. siècle, & qui subsiste encore aujourd'hui. Du reste on ne trouve dans cette édition aucune note critique propre à répandre quelque jour sur le contenu de l'*Edda*. A la vérité la préface semble devoir tenir lieu de remarques, puisqu'elle pourroit faire seule un volume de la grosseur de celui-ci ; mais si l'on excepte un petit nombre de pages, le tout se réduit à de doctes excursions sur *Platon*, sur les bonnes éditions d'*Aristote*, les *neuf Sibylles*, les *Hiéroglyphes Egyptiens*, &c.

Le manuscrit de l'*Edda* que l'on conserve dans la bibliothéque de l'université d'*Upsal* a fait naître, il n'y a que peu d'années, une seconde édition de ce livre. Ce manuscrit que j'ai eu entre les mains paroît être du quatorzième siécle. Il est assez bien conservé, lisible, & très-complet. Quoiqu'il ne diffère en rien d'essentiel de ceux que *Resenius* a suivis, il n'a pas laissé de me faciliter l'intelligence de quelques endroits obscurs; car je ne me suis fait aucun scrupule d'ajouter quelques mots pour suppléer au sens, ou d'en supprimer d'autres qui n'en présentoient aucun, lorsque j'y ai été autorisé par quelque manuscrit ancien. C'est à quoi je prie ceux qui voudront comparer ma version avec le texte de vouloir bien prendre garde. En effet s'ils ne me jugeoient que sur le texte de *Resenius*, ils ne pourroient que me trouver souvent en défaut, puisque j'ai toujours eu devant les yeux le manuscrit d'*Upsal*, dont M. *Sotberg* jeune savant Suédois très-versé dans ces matières a eu la bonté de me fournir une copie très-exacte. Le texte de ce manuscrit étant maintenant imprimé, il sera aisé à tous ceux qui voudront en prendre la peine de voir que je n'ai abandonné quelquefois *Resenius* que pour suivre ce nouveau guide, quand il me paroissoit plus sûr: c'est M. *Goranson* Suédois qui l'a publié avec une version suédoise & une latine; mais il n'a pas poussé son travail plus loin que la première partie de l'*Edda*. A la tête de l'ouvrage est une longue dissertation sur les antiquités hyperboréennes où l'on croit voir revivre le fameux *Rudbeck* dans la personne de l'auteur.

Malgré ces secours, il faut l'avouer, l'*Edda* n'a été connue & citée que d'un petit nombre de savans. L'édition de *Resenius* qui suppose sans doute beaucoup de savoir & d'application dans l'auteur se présente sous une forme peu attrayante; on n'y trouve ni remarques sur les opinions parallèles des autres peuples Celtes, ni éclaircissement sur les usages auxquels

il

il y eſt fait alluſion. Il n'y a qu'un zèle patriotique pour les antiquités du Nord qui ait pu le faire lire d'un bout à l'autre. D'ailleurs ce livre eſt devenu très-rare, on n'en a jamais tiré beaucoup d'exemplaires, & la plupart même ont péri dans le grand incendie qui conſuma une partie de Copenhague en 1728. L'édition de M. *Goranſon* peu connue hors de la Suède, & incomplète comme elle eſt, n'a pu empêcher que l'*Edda* de *Reſenius* ne continuât à être fort recherchée, & cette raiſon ſuffiroit ſeule pour juſtifier l'entrepriſe de la nouvelle édition qu'on en donne aujourd'hui.

Elle devoit ſans doute être remiſe en d'autres mains que les miennes : il y a dans ce royaume pluſieurs ſavans de qui le public ſembloit l'attendre, & qui s'en ſeroient acquittés infiniment mieux que moi. Je ne me le

C

suis point diffimulé, & ce n'eft pas fans crainte que j'ai entrepris & achevé cet ouvrage fous les yeux attentifs de tant de juges éclairés : mais je me fuis flatté qu'ils relâcheroient quelque chofe de leur févérité, en faveur du motif qui me l'a fait entreprendre. Quelque jugement qu'on puiffe porter de ces fables & de ces poéfies, il demeurera certain qu'elles honorent la nation qui les a produites ; elles ne font dépourvues ni de génie, ni d'imagination : les étrangers qui les liront feront forcés d'adoucir ces noires couleurs avec lefquelles il leur femble fi jufte de peindre les anciens *Scandinaves*. Rien n'illuftre un peuple autant que le génie & l'amour des arts : le foible rayon qu'ils en ont fait briller dans les ténèbres de ces fiècles eft plus précieux à la raifon, plus utile à leur gloire que tous ces trophées sanglans qu'ils se sont fait un si grand mérite d'élever partout. Mais comment leurs poésies pourroient-elles produire cet effet, si continuant à demeurer inintelligibles pour ceux à qui on voudroit les faire connoître, personne ne se charge du soin de les traduire dans une langue connue & aimée de toute l'Europe ?

Ce but que je me suis proposé exigeoit encore que je les accompagnasse d'un commentaire. Il falloit expliquer certains passages obscurs, & montrer l'usage que l'on peut tirer de quelques autres : j'aurois pu facilement prodiguer l'érudition dans ces notes en mettant à contribution les savans ouvrages des *Bartholin*, des *Wormius*, des *Verelius*, des *Arnkiel*, des *Keysler*, des *Schütze*, &c., mais je n'en ai emprunté que ce qui m'a paru nécessaire ; n'oubliant point que dans ce siècle on n'applaudit plus à ce vain étalage de savoir entassé sans choix & sans but, qui a suffi autrefois pour mériter une célébrité passagère à tant d'hommes laborieusement oisifs.

EDDA,

OU

MYTHOLOGIE CELTIQUE.

Vision de GYLFE. *Prestiges de* HAR.

IL y avoit autrefois en Suède un roi nommé *Gylfe* qui étoit sage, & habile magicien. Il voyoit avec étonnement que tout son peuple eût tant de respect pour les nouveaux venus d'Asie, & il ne savoit s'il devoit attribuer leurs succès à leur science naturelle, ou reconnoître en eux quelque vertu divine. Dans le dessein de s'en éclaicir, il résolut d'aller à *Asgard* (1) sous la forme d'un vieillard d'une condition ordinaire : mais les Asiatiques étoient trop habiles pour ne pas pénétrer ses vues, de sorte qu'ils le reçurent en lui fascinant les yeux par des prestiges. Alors il crut voir un palais dont le toît élevé à perte de vûe étoit couvert de boucliers dorés comme un toît neuf. Le poëte *Diodolfe* en parle ainsi : (2)
« Les Dieux en avoient fait le toît d'or

» brillant, les murs de pierre, les fon-
» demens étoient des montagnes. » A l'entrée de ce palais, *Gylfe* rencontra un homme qui s'exerçoit à lancer en l'air sept fleurets à la fois qu'il recevoit enfuite l'un après l'autre. Cet homme lui ayant demandé son nom, le roi déguisé répondit qu'il se nommoit *Gangler*, & qu'il venoit des rochers de *Riphil*: enfuite il demanda à son tour à qui appartenoit le palais qu'il voyoit, & sur le champ l'autre repliqua qu'il étoit à leur roi, & qu'il l'y introduiroit pour le lui montrer. *Gangler* étant entré vit plusieurs édifices, & beaucoup de monde répandu dans diverses salles. Quelques-uns buvoient, d'autres s'amusoient à jouer, ou s'exerçoient à la lutte. *Gangler* voyant là plusieurs choses qui lui parois-soient incompréhensibles prononçoit tout bas les vers suivans : *Il faut bien consi-dérer toutes les portes avant que d'aller plus avant, car on ne peut pas savoir où sont assis les ennemis qui vous dressent des embuches.* Il découvrit ensuite trois trô-nes élevés les uns au-dessus des autres, & sur chaque trône un homme assis. (3) Ayant demandé lequel des trois étoit leur roi, son conducteur répondit : celui qui est assis au trône inférieur est le roi, il

se nomme *Har* (c'est-à-dire sublime); le second est *Jafnhar* (l'égal du sublime); mais celui qui est le plus élevé s'appelle *Tredie* (le troisième) (4). *Har* voyant *Gangler* voulut savoir quelle affaire l'avoit amené à *Asgard*, ajoutant qu'on lui donneroit à manger & à boire gratuitement avec les autres hôtes de la cour. Mais *Gangler* lui dit qu'il vouloit premièrement savoir s'il y avoit quelque homme sage & habile dans cette cour. Si vous êtes le plus savant, répond *Har*, je crains bien que vous ne sortiez pas d'ici sain & sauf. Cependant tenez vous-là debout, & proposez vos questions ; il y aura quelqu'un en état de vous répondre.

REMARQUES.

Il y a dans l'édition de *Resenius* une fable avant celle-ci. Je ne la traduis point, parce qu'elle ne me paroît avoir aucun rapport au reste, qu'elle est peu remarquable, & qu'elle ne se trouve point dans le MS. d'*Upsal*. Du reste *Snorron* nous apprend lui-même dans le commencement de sa chronique que ce *Gylfe* qui gouvernoit la Suède avant l'arrivée d'*Odin* & de ses compagnons, fut obligé de céder au pouvoir surnaturel qu'ils employoient contre lui, & de leur abandonner son royaume. De-là cette supposition que ce roi avoit voulu s'assurer par lui-même de l'habileté de ces nouveaux venus, en les sondant par diverses demandes captieuses. Dans l'ancienne Scandinavie, aussi-bien que dans l'Orient, il est souvent fait mention de ces combats de savoir entre des rois & des princes dont la gloire reste toujours à celui qui a su répondre à toutes les questions, & donner bien ou mal une cause à chaque phénomène. C'est ce qu'on appeloit *science* ou *sagesse*; mot originairement synonime dans toutes les langues, & depuis si aisé à distinguer. Il sera nécessaire de se rappeler ici ce que j'ai dit dans mon *Introduction à l'Histoire de Dannemarc* de l'arrivée d'*Odin* dans le Nord pour bien entendre ce chapitre & les suivans.

(1) *Il résolut d'aller à Asgard.*] Odin &

ses compagnons venoient d'*Asgard*; ce mot signifie le séjour des seigneurs ou des dieux. Il y a des termes difficiles à interpréter parce qu'on ne leur trouve point de sens; celui que l'original emploie ici l'est pour signifier trop de choses. *As* dans toutes les branches de la langue Celtique a signifié seigneur & dieu, mais dans l'*Edda* & dans d'autres ouvrages Islandois il signifie de plus des *asiatiques*, & l'on ne sait auquel de ces deux titres ce nom est donné à *Odin* & à ses compagnons. *Eccard* dans son traité *de origine Germanor.* pag. 41, a prétendu que ce mot n'a jamais eu ce dernier sens, que la ressemblance des sons a fait imaginer après coup le voyage d'Asie, & qu'*Odin* ne venoit en effet que de la Vandalie, aujourd'hui la Poméranie. On peut voir dans l'ouvrage même les raisons sur lesquelles il fonde cette conjecture.

(2) *Diodolfe en parle ainsi.*] *Diodolfe* étoit un ancien *Scalde* fort célèbre, qui avoit fait un long poëme sur l'histoire de plus de trente princes de Norvège. On voit ici l'attention de *Snorron* de citer presque toujours les autorités sur lesquelles il se fonde; cela paroît dans tout cet ouvrage. Il a observé la même chose dans sa grande chronique, où l'on trouve presque sur chaque fait quelque fragment d'ancienne poésie historique qui le confirme. Cela sert à montrer la vaste érudition de *Snorron* & la prodigieuse quantité qu'il devoit y avoir de ces vers. Il n'est pas étonnant après cela que dans les Gaules les

jeunes gens employassent tant d'années à en apprendre par cœur.

(3) *Sur chaque trône un homme assis.*] Dans le manuscrit de l'*Edda* conservé à *Upsal* on trouve une peinture très-grossière, comme on peut le croire, de ces trois trônes & des trois personnes qui y sont assises. Elles portent des couronnes sur leur tête, & *Gangler* est incliné humblement en leur présence. On juge bien qu'il n'en falloit pas tant pour ouvrir un beau champ aux conjectures des savans; on a donc trouvé que ce passage établissoit clairement la Trinité, connue déjà, à ce qu'on dit, de *Pluton*, & de plusieurs autres payens. Ce qu'il y a de vrai, c'est que très-anciennement on a cherché partout du mystère dans le nombre de trois, & s'il est absolument nécessaire de supposer que les hommes ont dû avoir long-temps avant l'évangile quelque connoissance d'un dogme qu'une révélation expresse pouvoit seule leur découvrir, il ne sera pas difficile, avec un peu d'imagination, d'en trouver des traces en mille endroits.

(4) *Le plus élevé s'appelle le troisième.*] Est-ce *Odin*, ou quelqu'un de sa cour qui occupe les trônes? C'est ce qu'il n'est pas aisé de décider. Il me semble pourtant que dans tout ce préambule, l'*Odin* dont il est parlé n'est que le prince, le conquérant du Nord, & non l'*Odin* père & maître des dieux. *Gangler* s'étoit rendu à sa cour pendant qu'il soumettoit la Suède. Il ne trouva donc à *Asgard* que ceux qui régnoient en sa place. Les noms

qui leur sont donnés font peut-être allusion à leur rang & à leurs emplois. Je répéterai encore ici qu'il faut s'attendre à voir régner dans toute cette mythologie la même confusion entre l'*Odin* conquérant du Nord, & l'*Odin* dieu suprême, dont le premier usurpa le nom, & vint établir le culte dans la Scandinavie. *Jupiter* roi de *Crète* & souverain de la terre & des cieux, *Zoroastre* fondateur du culte des mages & le dieu à qui s'adressoit ce culte, *Zamolxis* grand-prêtre des Thraces & dieu suprême des Thraces, n'ont pas été plus constamment confondus que ces deux *Odins*.

PREMIÈRE FABLE.

Questions de Gangler.

GANGLER commença ainsi son discours: qui est le plus ancien ou le premier des dieux? *Har* répond: nous l'appelons ici *Alfader*, c'est-à-dire, père universel, mais dans l'ancien *Asgard* il a douze noms (1). *Gangler* demande: qui est ce dieu? quel est son pouvoir, & qu'a-t-il fait pour faire éclater sa gloire (2)? *Har* répond: il vit toujours, il gouverne tout son royaume, & les grandes choses comme les petites. *Jafnhar* ajoute: il a fabriqué le ciel & la terre & l'air. *Tredie* poursuit: il a plus fait que le ciel & la terre, il a fait les hommes, & leur a donné une ame qui doit vivre, & qui ne se perdra jamais, même après que le corps se sera évanoui en poussière & en cendres: & tous les hommes justes doivent habiter avec lui dans un lieu nommé l'*ancien* ou le palais d'amitié; mais les hommes méchans iront vers *Hela*, (la mort) & de-là dans le *Nistheim*, c'est-à-dire, dans le séjour des scélérats, qui est en bas dans le neuvième monde.

Là dessus *Gangler* demanda ce que dieu avoit à faire avant qu'il formât le ciel & la terre? *Har* répliqua: il étoit alors avec les géans (3). Mais, dit *Gangler*, par quoi commença-t-il, ou quel fut le commencement des choses? Voici, répondit *Har*, ce qui en est dit dans le poëme de la *Voluspa*: « Au commencement du » tems, lorsqu'il n'y avoit rien, ni rivage, » ni mer, ni fondement au-dessous, on » ne voyoit point de terre en bas, ni de » ciel en haut, un vaste abyme étoit » tout (4), on ne voyoit de verdure » nulle part. » *Jafnhar* continue: il s'est passé bien des hivers depuis que *Niflheim*, l'enfer, a été fait jusqu'à la formation de la terre. Au milieu de l'enfer il y a une fontaine de laquelle coulent les fleuves suivans: *l'angoisse, l'ennemi de la joie, le séjour de la mort, la perdition, le gouffre, la tempête, le tourbillon, le rugissement & le hurlement, l'abyme*. Celui qui s'appelle *le bruyant* coule près des grilles du séjour de la mort (5).

REMARQUES

SUR LA PREMIÈRE FABLE.

CETTE fable est remarquable à bien des égards. Elle répand beaucoup de jour sur un des principaux dogmes de la religion Celtique, & confirme en particulier ce que dit *Tacite* de l'idée que les Germains se faisoient du Dieu suprême : *Regnator omnium Deus, cætera subjecta atque parentia.* Germ. c. 39. Les Germains & les Scandinaves appeloient dans les commencemens cette divinité *Tis*, *Tius*, ou *Teut*, mot auquel les Gaulois ajoutoient celui de *Tad* ou *Tat*, qui signifie encore aujourd'hui *père* dans la langue bretonne. (v. *Rostrenen Diction. Celt.* p. 712.) On voit ici que le nom de *père* lui étoit aussi donné par les Scandinaves. Dans la suite, le nom d'Oden ou Odin prévalut, & devint le nom ordinaire du dieu suprême, & du dieu de la guerre chez les Danois, les Suédois, les Norvégiens, les Saxons, les Anglo-Saxons, les Vandales, les Lombards, les Sueves, les Frisons, les Goths, les Thuringiens, & peut-être chez plusieurs peuplades errantes dans le nord de la Russie, & dans les environs du mont Caucase. *Wodan* (dit *Paul Diacre* Rer. Langobard. L. I. c. 3.) *quem, adjecta littera Guodan dixere ab universis Germaniæ gentibus, ut Deus adoratur.*

Consultez sur ce sujet *l'hist. des Celtes T. II. p. 74. & seqq.* & surtout les savans traités de M. de *Suhm* sur Odin & sur d'autres points importans des antiquités du Nord.

(1) *Il y a douze noms.*] Ces douze noms se trouvent dans l'*Edda*, mais j'ai préféré de les rapporter ici, pour ne point effrayer par ces sons durs & étrangers, ceux qui voudront s'en tenir à la lecture du texte. Les voici en faveur des autres, avec quelques conjectures qu'on a faites sur leur signification. 1. *Alfader*, (père de tout.) 2 *Herian*, (le Seigneur, ou plutôt le guerrier.) 3. *Nikar*, (le sourcilleux.) 4. *Nikuder*, (le dieu de la mer.) 5. *Fiolner*, (celui qui sait beaucoup.) 6. *Ome*, (le bruyant.) 7. *Biflid*, (l'agile.) 8. *Vidrer*, (le magnifique.) 9. *Svidrer*, (l'exterminateur.) 10. *Svider*, (l'incendiaire.) 11. *Oske*, (celui qui choisit les morts.) 12. *Falker*, (l'heureux.): le nom d'*Alfader* est celui que l'*Edda* employe le plus souvent; je l'ai rendu par *Père Universel*.

J'ajouterai en faveur des amateurs des poésies Erses qu'*Odin* est sans doute le même dieu dont il y est souvent fait mention sous le nom de *Loda*, comme du dieu de *Lochlin*, c'est-à-dire de la Scandinavie. L'auteur de ces poésies qu'on croit avoir vécu dans le troisième siècle parle des cercles de pierre de *Loda* autour desquels se rangeoient les guerriers de *Lochlin* pour invoquer ce dieu avant les combats, & suivant M. *Macpherson* éditeur de ces poésies on trouve dans les Orcades de ces cercles auxquels les habitans donnent encore aujourd'hui le nom de cercles de *Loda* ou de

Loden. La Norvège y est nommée le *rivage de Loda*. Ce dieu y est peint comme un génie redoutable, qui *ne respire que les tempêtes & les combats, qui est assis au haut des airs sur les mers de la Scandinavie, avec une épée dans sa main puissante, & ses cheveux enflammés & épars au gré des vents.... ses yeux brillent comme des flammes sur son visage ténébreux. Sa voix est le bruit d'un tonnerre éloigné..... Fingal alla au devant de lui & lui cria : fils de la nuit, retire-toi, appelle à toi les vents & fuis avec eux*, &c. Les Ecossois ayant d'autres idées sur la religion, il étoit naturel & conforme à l'usage de toutes les nations, qu'ils peignissent le dieu de leurs ennemis comme un mauvais génie, & un fantôme effrayant.

Dans ces mêmes poésies Erses la Scandinavie ou *Lochlin* est souvent nommée *le royaume, la terre de Loda*, & c'est une nouvelle preuve que le culte d'*Odin* y étoit déjà introduit alors, & très-généralement établi. J'observerai encore avant que de terminer cette longue note que la Norvège se nomme encore aujourd'hui *Lochlin* dans la langue des montagnards Ecossois, & que ce nom qui vient sans doute de la quantité de *lacs & de golphes* (en Erse *Loch*) qu'on trouve en Norvège, peut bien n'être que la traduction de celui de *Nor-rige* que les Norvégiens donnent à leur pays & dont on a fait le mot de *Norvège*. *Nor* signifioit dans l'ancienne langue du pays la même chose que les Ecossois appeloient *Loch*, & *rige* un royaume, un pays. Cette dénomination convenoit parfaitement à la Norvège. Et elle présente une origine de ce mot bien plus naturelle que celle qui le fait dériver du mot de *Nord*. En effet outre que la lettre *d* ne se trouve pas dans ceux de *Norige* & de *Normand* dont les Norvégiens font usage, comment se persuadera-t-on qu'un peuple ait jamais pu se nommer lui-même *peuple du Nord*, comme s'il n'y en avoit pas toujours d'autres plus au Nord que lui, & comme si chaque nation ne se croyoit pas toujours au centre de tout ?

(2) *Faire éclater sa gloire.*] Voilà de grandes questions, mais les réponses sont encore plus remarquables. Leur conformité avec ce que le christianisme nous enseigne pourroit faire croire que *Snorron* a voulu embellir la religion de ses pères, en la rapprochant de l'évangile, si le poëme de la *Voluspa* qui appartient incontestablement à des temps où le nom même en étoit inconnu dans le Nord ne renfermoit la même doctrine, & si toute la suite de l'*Edda* ne la supposoit à chaque moment. Mais ce qui détruit cette supposition c'est que nous savons d'ailleurs que la croyance des Celtes sur la plupart de ces points n'a pas différé de ce que nous lisons ici. J'en donnerai plus bas diverses preuves.

(3) *Il était avec les géans.*] Le mot de l'original n'est pas aisé à rendre en françois. Les Celtes avoient des géans & des esprits de plusieurs ordres différens, que nous ne sommes plus en état de distinguer. Ceux dont il est ici question sont nommés *Rymthusse*, du

mot *Rym* gelée, & de *Thuſſ* géant ou *Satyre*. On verra tout-à-l'heure l'origine de cette dénomination. Quant au mot de *Thuſſ* il peut servir à montrer en paſſant la conformité qui se trouvoit autrefois dans la façon de penſer de toutes les nations Celtiques même les plus éloignées, & ſur les plus petites choſes. Les Gaulois, comme les peuples du Nord, croyoient aux *Thuſſes* & leur donnoient le même nom. Il ſemble ſeulement que les *Thuſſes* ou Satyres Gaulois aient été plus galans que ceux du Nord, & cela ne ſeroit pas étonnant. Pluſieurs pères de l'égliſe parlent des étranges libertés qu'ils prenoient avec les femmes : ils les nomment en latin *Duſii*. St. *Auguſtin* en particulier nous dit que tant de gens lui ont aſſuré qu'ils recherchoient le commerce des femmes & les ſéduiſoient, qu'il faudroit être un impudent pour ne pas le croire. *De Civit. Dei. L.* 15. Aujourd'hui ces prétendues ſéductions s'expliquent d'une manière plus naturelle.

(4) *Un vaſte abyme étoit tout.*] On n'attend pas de moi ſans doute que j'entaſſe ici tous les paſſages des Grecs & des Latins qui ſont analogues à celui-ci. Ils ne ſont ignorés de perſonne. Preſque toutes les ſectes anciennes ſont d'accord ſur le dogme du chaos. Créer la matière de rien paroiſſoit dans ces âges peu métaphyſiciens une choſe incompréhenſible ou impoſſible. On doit remarquer ſeulement que de tous les ſyſtêmes connus, celui des anciens Perſes reſſemble le plus à ce qu'on va lire. J'aurai plus d'une fois occaſion de répéter cette obſervation qui confirme ce qu'ont

avancé quelques savans, que les Perses ne différoient point autrefois des Celtes.

N'est-il pas singulier que tous ceux qui ont traité de la religion de ces peuples, se soient donné tant de peines pour deviner ce qu'ils pensoient sur la création du monde, & qu'ils aient enfin conclu qu'on n'en pouvoit rien savoir que de fort incertain; tandis qu'un livre authentique & à leur portée leur offroit presque tous les détails qu'ils pouvoient désirer? Je fais cette réflexion, & je lui donne encore plus d'étendue, en lisant ce que le savant abbé *Banier* a publié sur la religion des Gaulois, des Germains & des peuples du Nord.

(5) *Le séjour de la mort.*] Le mot de l'original signifie dans la langue gothique *séjour des scélérats*. On voit par cette description de l'enfer combien le génie des anciens philosophes Celtes étoit porté à l'allégorie, & il est très-vraisemblable que presque toutes les fables que nous verrons dans la suite enveloppoient de même quelque vérité dont ils se réservoient l'interprétation. Cela nous est confirmé par *César*, & par divers autres auteurs anciens, & il n'en faut pas d'autre preuve que les noms mystérieux & significatifs qui sont toujours donnés à chaque chose. Au reste je ne fais ici aucune réflexion sur cet enfer des Celtes; il s'en présentera dans la suite des occasions plus naturelles.

SECONDE FABLE.

Du monde de feu & de Surtur.

ALORS *Tredie* prenant la parole dit : cependant avant toutes choses existoit un monde lumineux, ardent, inhabitable aux étrangers, situé à l'extrémité de la terre (1). *Surtur* (le noir) y tient son empire : dans ses mains brille une épée flamboyante : il viendra à la fin du monde : il vaincra tous les dieux, & livrera l'univers en proie aux flammes. Voici ce qu'en dit la *Voluspa* : « *Surtur*
» vient du midi rempli de stratagèmes
» trompeurs, un soleil mobile rayonne
» sur son épée, les dieux se troublent,
» les hommes suivent en foule les sen-
» tiers de la mort, le ciel est fendu. »
Mais, dit *Gangler*, en quel état étoit le monde avant qu'il y eût sur la terre des familles d'hommes, & que les peuples fussent formés ? *Har* lui répondit : ces fleuves des enfers qu'on vient de nommer s'éloignèrent si fort de leurs sources que le venin qu'ils rouloient se durcit, comme les scories dans un fourneau réfroidi. De-là se forma de la glace qui en arrêta le

cours. Alors le venin qui se répandoit par dessus fut aussi gelé, & ainsi se formèrent plusieurs couches de vapeurs glacées l'une sur l'autre dans le vaste abyme. *Jafnhar* continua ainsi : par ce moyen la partie de l'abyme qui est vers le septentrion fut remplie d'une masse de vapeurs gelées & de glace ; mais dans l'intérieur ce n'étoit que tourbillons de vents & de tempêtes. Vis à vis, la partie du midi s'élevoit aussi formée par les éclairs & les étincelles qui voloient du monde de feu. *Tredie* prit la parole & dit : par ce moyen un vent horrible & glacé venoit du côté des enfers pendant que tout ce qui étoit tourné vers le monde enflammé étoit ardent & lumineux. Quant à l'abyme qui étoit entre deux, il étoit léger comme l'air quand il est calme : un souffle de chaleur s'étant alors répandu sur les vapeurs gelées, elles se fondirent en gouttes (2), & de ces gouttes fut formé un homme *par la vertu de celui qui gouvernoit*. Cet homme fut appelé *Ymer* ; les géans le nomment *Œrgelmer*, & c'est de lui que toutes leurs familles descendent, comme cela est dit dans la *Voluspa*. « Toutes les prophé-
» ties viennent de *Vittolfe*, les sages de
» *Vilmôde*, les géans de *Ymer*. » Et dans

un autre endroit : « Des fleuves des » enfers ont coulé des goutes de venin, » & il souffla un vent d'où un géant fut » formé. De lui viennent toutes les races » gigantesques. » *Gangler* entendant cela demande : comment la famille d'*Ymer* se multiplia-t-elle ? & croyez-vous qu'il étoit un dieu ? *Jafnhar* repliqua : nous ne croyons point qu'il fût dieu ; car il étoit méchant aussi bien que toute sa postérité. Comme il dormoit, il eut une sueur, & un mâle & une femelle naquirent de dessous son bras gauche, & un de ses pieds engendra avec l'autre un fils, d'où est venue la race des géans, nommés à cause de leur origine, *géans de la gelée* (3).

REMARQUES
SUR LA SECONDE FABLE.

(1) *Un monde lumineux*, &c.] Les philosophes des Celtes vouloient expliquer comment le monde avoit été formé, & chemin faisant, pourquoi il faisoit froid au Nord & chaud au Midi. Pour cela ils plaçoient un amas de feu vers le Sud qui y avoit apparemment toujours été & qui servoit de demeure à des génies. C'étoit la matière dont le soleil avoit été fait. Cet éther ou ce feu avoit encore la commodité de rendre raison de l'embrasement final de ce monde, car on vouloit absolument qu'il fût brûlé au dernier jour. A l'égard du Nord il y faisoit froid : pour quelle autre raison, si ce n'est parce qu'il y avoit de ce côté-là d'énormes monceaux de glace ? Mais d'où venoit cette glace ? Rien de plus simple : l'enfer qui avoit été préparé dès le commencement des siècles étoit arrosé par ces grands fleuves dont on a vu les noms dans la fable précédente ; ces grands fleuves à force de s'éloigner du Midi, s'étoient gelés, & de-là la froideur des vents du Nord. Entre ce monde de feu & ce monde de glaces étoit un grand abyme où il n'y avoit que de l'air ; c'est-là que fut ensuite placée la terre où nous habitons. Si on lit le fragment de *Sanchoniathon* conservé par *Eusèbe* de prep. *L.* 2. *c.* 10. on y trouvera une

histoire de la formation du monde assez ressemblante à celle-ci.

(2) *Elles se fondirent en gouttes.*] On découvre enfin avec plaisir, que nos philosophes avoient senti le besoin de faire intervenir l'action d'un Dieu dans la formation de ce monde. Ce souffle vivifiant rappelle cette *respiration de vie que Dieu souffla dans les narines du premier homme*, suivant l'expression de l'écriture : *Genése* ch. 2. v. 7. Au reste il est douteux que *Snorron* eût trouvé dans l'ancienne mythologie qu'il compiloit les mots, *par la vertu de celui qui gouvernoit*. Il se peut que ce soit une note marginale insérée par un copiste chrétien.

(3) *Géans de la gelée.*] Je n'aurois jamais fini si je voulois rapporter ici toutes les anciennes traditions qui ont rapport à ce qu'on vient de lire. Ç'a été une opinion générale en Orient que Dieu avoit commencé par créér des génies très-puissans, bons & mauvais, qui avoient habité long-temps un monde antérieur à celui-ci. On peut voir dans *Herbelot* ce que les Persans racontent des *Dives*, des *Nere*, des *Peris* & de leur roi *Eblis*. *Ymer* ayant été formé comme on voit de gouttes gelées, tous les géans descendus de lui sont appelés à cause de cela *géans de la gelée*. Au reste ces géans sont tout différens des hommes de notre race que l'*Edda* n'a pas encore fait naître.

TROISIÈME

TROISIÈME FABLE.

De la vache qui nourrissoit Ymer.

GANGLER voulut ensuite savoir où habitoit le géant *Ymer*, & quelle étoit sa nourriture ? *Har* lui répondit : d'abord après que ce souffle du midi eut fondu les vapeurs gelées, & en eut formé des gouttes, il s'en forma aussi une vache : quatre fleuves de lait couloient de ses mammelles, & elle nourrissoit *Ymer*. La vache se nourrissoit à son tour en léchant les pierres couvertes de sel & de blanche gelée. Le premier jour qu'elle lécha ces pierres, il en sortit vers le soir des cheveux d'hommes ; le second jour une tête ; le troisieme un homme entier qui étoit doué de beauté, de force & de puissance. On le nomme *Bure* ; c'est le père de *Bore* qui épousa *Beyzla* fille du géant *Baldorn*. De ce mariage sont nés trois fils, *Odin*, *Vile*, & *Ve*. Et c'est notre croyance que cet *Odin* gouverne avec ses frères le ciel & la terre, que le nom d'*Odin* est son vrai nom, & qu'il est le plus puissant de tous les dieux. (1)

REMARQUES

SUR LA TROISIÈME FABLE.

CETTE fable n'est vraisemblablement qu'une allégorie ; mais quelque privilége que me donne ma qualité de commentateur, je ne tenterai pas de l'expliquer.

Il y a ici une remarque assez importante à faire. Un être puissant avoit animé par son souffle les gouttes dont le premier géant avoit été formé. Cet être que l'*Edda* semble affecter de ne pas nommer étoit différent d'*Odin* né long-temps après la formation d'*Ymer*. On pourroit donc conjecturer que la philosophie secrète des Celtes, (car on sait que les Druides ne révéloient leurs mystères que graduellement & avec beaucoup de circonspection) enseignoit que le dieu suprême, éternel, invisible, incorruptible, qu'ils n'osoient nommer par crainte & par respect, avoit établi des divinités inférieures pour gouverner ce monde, que c'étoit ces divinités qui au dernier jour devoient succomber aux efforts des puissances ennemies, & être entraînées avec les ruines de l'Univers ; qu'alors le dieu suprême, toujours subsistant & inaccessible à toutes les révolutions, sortoit de son repos pour faire un monde nouveau des débris de l'ancien, & ouvrir une nouvelle période qui devoit être à son tour suivie d'une autre ; &

ainsi dans toute l'éternité. Tel étoit le système des Stoïciens, qui supposoient aussi-bien que les Celtes, que le monde consumé par les flammes se renouvelleroit, & que les dieux inférieurs seroient détruits à la même époque. Ce qui confirme tout ceci, c'est que ce dieu supérieur à *Odin* lui-même, & dont le vulgaire des Celtes n'avoit guères d'idée, reparoît dans nos poésies Islandoises après la mort de tous les Dieux, pour rendre la justice, & établir de nouvelles destinées. Voyez l'ode Islandoise citée dans les Antiquités de *Bartholin*, l. 2. c. 14.

(1) *Le plus puissant des dieux*, il n'est pas inutile de remarquer que tous les peuples Celtes rapportoient leur origine avec les mêmes circonstances. *Tacite* dit que les Germains célébroient dans leurs vers un dieu né de la terre nommé *Tuiston*, (c'est-à-dire fils de *Tis* ou *Tuis*, le dieu suprême.) Ce *Tuiston* avoit un fils nommé *Mannus*, dont les trois enfans étoient les auteurs des trois principales nations Germaniques. Les Scythes, au rapport d'*Hérodote*, l. 4. c. 6. & 10. disoient que *Targytaus* (le bon Taus) fondateur de leur nation avoit eu trois fils, *Leipoxain*, *Arpoxain*, & *Kolaxain*. Une tradition reçue des Romains portoit, (suivant *Appien* Illyr. Lib.) que le Cyclope *Polyphême* avoit eu de *Galatée* trois fils nommés *Celtus*, *Illyrius*, & *Gallus*. Saturne père de *Jupiter*, de *Neptune* & de *Pluton* pourroit bien venir de la même source, aussi-bien que ces trois fils qu'*Hésiode* fait naître du mariage du ciel

& de la terre, *Coltus*, *Briareus*, & *Gyges*. Une tradition si ancienne & si générale doit avoir absolument quelque fait pour fondement. Je ne décide point avec *Cluvier* que ce fait soit ce que l'écriture nous dit de *Noé* & de ses fils; & je n'affirme point ce que je ne peux savoir.

Si je ne devenois d'une longueur excessive, je trouverois encore ici les traces d'une autre tradition, non moins ancienne, très-répandue dans l'Orient, & confirmée à certains égards par la *Genèse*, chap. VI. Voici le passage. *Les fils de Dieu voyant que les filles des hommes étoient belles, en choisirent pour leurs femmes; & il y avoit alors des géans sur la terre, lors, dis-je, que les fils de Dieu se furent joints aux filles des hommes. Ce sont ces puissans hommes qui ont de tout temps été des gens de renom*, &c.... Ceux qui liront à ce sujet le livre de la prétendue prophétie d'*Enoc*, & *Lactance* dans son *origine des erreurs*, y trouveront des rapports remarquables avec la doctrine de l'*Edda*.

QUATRIÈME FABLE.

Comment les fils de Bore formèrent le Ciel & la Terre.

Y AVOIT-IL, poursuit *Gangler*, entre ces deux différentes races une sorte d'égalité, ou de bonne intelligence ? *Har* lui répond, bien loin de là : les fils de *Bore* (1) tuèrent le géant *Ymer*, & il coula tant de sang de ses plaies que toutes les familles des *géans de la gelée* y furent noyées, à la réserve d'un seul géant qui se sauva avec tous les siens : on l'appelle *Bergelmer*. Etant monté sur sa barque il échappa, & par lui s'est conservée la race des géans de la gelée. Cela est confirmé par ces vers: « plu-» sieurs hivers avant que la terre fût » façonnée *Bergelmer* étoit déjà né, & » je sais bien que ce sage géant s'étant » mis dans sa barque se sauva. » (2) *Gangler* demande : que firent alors les fils de *Bore* que vous croyez être des dieux? *Har* répondit: ce n'est pas une petite chose à raconter ; ils traînèrent le corps de *Ymer* au milieu de l'abyme & ils en firent la terre : l'eau & la mer furent formées de son sang, les montagnes de ses os, les pierres de ses dents; & de ses os creux mêlés avec le sang qui couloit de ses blessures, ils formèrent la vaste mer, au milieu de laquelle ils affermirent la terre (3). Ensuite ayant fait le ciel de son crâne, ils le posèrent de tous côtés sur la terre, le partagèrent en quatre parties, & placèrent un nain à chaque angle pour le soutenir. Ces nains se nomment *Est*, *Ouest*, *Sud* & *Nord*. Après cela ils allèrent prendre des feux dans le monde enflammé du midi, & les placèrent en-bas dans l'abyme & en-haut dans le ciel, afin qu'ils éclairassent la terre. Ils assignèrent des places fixes à tous les feux. De-là les jours furent distingués, & les années comptées. C'est pourquoi il est dit dans le poëme de la *Voluspa*: « auparavant » le soleil ne savoit pas où étoit son » palais, la lune ignoroit ses forces, les » étoiles ne connoissoient point la place » qu'elles devoient occuper » (4). Là-dessus *Gangler* s'écrie : voilà certainement de grandes œuvres & une vaste entreprise! *Har* continue & dit : la terre est ronde, & autour d'elle est placée la profonde mer dont les rivages ont été donnés aux géans pour y habiter. Mais plus avant sur la terre dans cet endroit qui est également éloigné de tous côtés de la mer, les dieux bâtirent un fort contre les géans, (5) qui fait le tour du monde. Pour cela ils employèrent les sourcils d'*Ymer*, & appelèrent ce lieu-là *Midgard* (séjour du milieu.) Ils jetèrent ensuite sa cervelle dans les airs, & en firent les nuées, comme il est dit dans ces vers: *de la chair d'*Ymer *la terre fut formée, les mers de sa sueur, les montagnes de ses os, les herbes des prés de ses cheveux, le ciel de sa tête; mais les dieux favorables bâtirent avec ses sourcils la ville de* Midgard *pour les fils des hommes, & de sa cervelle les funestes nuées furent faites.*

REMARQUES

SUR LA QUATRIÈME FABLE.

J'AVERTIS ici une fois pour toutes que mes divisions ne sont pas toujours celles de l'*Edda de Resenius*, ni celles de l'*Edda d'Upsal*. Comme elles different dans les divers manuscrits, j'ai cru pouvoir les regarder comme arbitraires, & en faire de nouvelles quand cela m'a paru plus commode.

(1) *Les fils de Bore sont les dieux*, & particulièrement *Odin*, car il n'est presque plus question de ses frères *Vile* & *Ve*. Les prêtres des Celtes se disoient descendus de cette famille de *Bore*, ce qu'ils pouvoient persuader, parce que leur emploi passoit presque toujours des pères aux fils comme chez les Juifs.

(2) *Ce géant s'étant mis dans sa barque*. On reconnoît encore ici bien évidemment des traces de l'histoire du déluge. On savoit déjà que toutes les nations de l'Asie, & celles de l'Amérique même en avoient conservé quelque souvenir ; mais je ne crois pas que personne eût remarqué la même chose de nos pères les Celtes.

(3) *Ils affermirent la terre*. On se souvient qu'il n'y avoit encore d'existant que ce monde

enflammé au midi séjour des mauvais génies, & au nord l'amas des glaces formées par les fleuves des enfers. Au milieu étoit un espace vuide appelé l'*abyme*. C'est dans cet endroit que les dieux jetèrent le corps du géant. Cette fiction gigantesque a sûrement servi d'abord d'enveloppe à quelque point de la doctrine des Druides ; mais le public ne se prête plus de bonne grâce aux conjectures érudites, & il faudroit en hasarder beaucoup pour deviner le sens d'une allégorie si étrange. Quoiqu'il en soit, elle a été une source des plus fécondes d'expressions & de figures poétiques, & les anciens Scaldes en ont tiré un parti infini. On a trouvé commode de tout temps de pouvoir être censé parler le langage des dieux au moyen de ces formules poétiques. De toutes les anciennes Théogonies je ne trouve que celle des Chaldéens qui ait quelque rapport à ceci. *Berose* cité dans *Syncelle* nous apprend que ce peuple un des plus anciens de la terre, croyoit qu'au commencement il n'y avoit eu qu'eau & ténèbres, que cette eau & ces ténèbres renfermoient divers animaux monstrueux, de forme & de grandeur différentes, dont on voyoit des représentations dans le temple de *Bel*; qu'une femme nommée *Omorca* étoit la maîtresse de tout l'univers, que le dieu *Bel* donna la mort à tous les monstres, détruisit *Omorca* elle-même, & la partageant en deux, forma d'une de ses parties la terre, & de l'autre le ciel ; à quoi une autre tradition ajoute que les hommes furent formés de sa tête ; d'où *Berose* conclut que c'est pour cela que l'homme est doué d'intelligence. Je ne prétends point assurer que les Chaldéens & les Celtes se soient prêté toutes ces rêveries, quoique la chose n'ait rien d'impossible. Ces peuples anciens n'avoient encore que peu d'idées, & leur imagination toute féconde qu'elle étoit, travaillant sur un fonds borné, ne pouvoit donner à ses productions cette variété prodigieuse qu'elle a déployé dans les âges suivans.

(4) *Les étoiles ne connoissoient point*, &c. La matière du soleil & des étoiles existoit bien long-temps avant la formation de ces corps. Cette matière étoit l'*Æther*, le monde lumineux. On doit respecter dans cette fable des restes de la doctrine de Moyse, suivant laquelle la création de la matière lumineuse précède aussi celle du soleil & de la lune. Ce qui indique encore une origine commune, c'est ce que *Moyse* ajoute au même endroit: *& Dieu dit, qu'il y ait des luminaires dans l'étendue des cieux, pour séparer la nuit d'avec le jour, & servir de signe aux saisons, aux jours, & aux années*, &c. Genèse c. 1. v. 14.

(5) *Un fort contre les géans*. La mythologie persanne est toute pleine de traits analogues à ceci. Ce sont toujours des géans ou génies malfaisans qui veulent du mal aux hommes, & leur en font quand ils peuvent. Les héros n'ont pas de plus cher ni de plus glorieux emploi que de leur faire la guerre.

Ils sont encore aujourd'hui relégués dans les rochers du *Caucase* ou de l'*Imaus*, depuis que *Tahmuras* surnommé *Divbend* (celui qui assujettit les *Dives*) les a vaincus & chassés. Le mahométisme s'est moins appliqué à proscrire ces anciennes & superstitieuses croyances que le christianisme, & le peuple de Perse en est encore partout infatué.

CINQUIÈME FABLE.

De la formation de Aske & Emla.

C'ÉTOIT déjà beaucoup que d'avoir fait tout cela, dit *Gangler* ; mais d'où viennent les hommes qui habitent à présent le monde ? *Har* répond : les fils de *Bore* se promenant un jour sur le rivage trouvèrent deux morceaux de bois flottans. Ils les prirent & en firent un homme & une femme. (1) Le premier leur donna l'ame & la vie, le second la raison & le mouvement, le troisième l'ouïe, la vue, la parole, & de plus des habillemens, & un nom. On appelle l'homme *Aske*, & la femme *Emla*; c'est d'eux qu'est descendu le genre humain à qui on a donné une habitation près de *Midgard*. Les fils de *Bore* bâtirent ensuite au milieu du monde la forteresse d'*Asgard*, où demeurent les dieux & leurs familles (2). C'est là que se sont opérées plusieurs merveilles sur terre & dans les airs. *Har* ajouta : c'est là qu'est situé le palais d'*Odin* nommé la *terreur des peuples*; lors qu'*Odin* s'y assied sur son trône sublime, il découvre de-là tous les pays, voit les actions des hommes, & comprend tout ce qu'il voit. Sa femme est *Frigga* fille de *Fiorgun*. De ce mariage est descendue la famille des dieux. C'est une race toute divine & qui a construit l'ancien *Asgard*. C'est pourquoi *Odin* doit être appelé le *père universel*, puisqu'il est le père des dieux, des hommes, & de toutes les choses produites par sa vertu. La terre est sa fille & sa femme. (3) Il a eu d'elle *Asa-Thor* (ou le dieu Thor) son premier né. La force & la valeur suivent ce dieu : c'est pourquoi il triomphe de tout ce qui a vie.

REMARQUES

SUR LA CINQUIÈME FABLE.

(1) *Ils en firent un homme*, &c. Nous arrivons enfin à la création de notre espèce : la manière dont elle va être racontée annonce un peuple adonné à la navigation, & fixé dans un pays environné de mers & d'étangs. *Bartholin* conjecture qu'en faisant naître les hommes de la mer, les philosophes du Nord s'étoient proposé de rassurer les Scandinaves contre la crainte d'y être entièrement anéantis lorsqu'ils périssoient dans les eaux, & de leur faire regarder la mer comme leur élément naturel. En effet on verra par la suite que le grand but de ces théologiens belliqueux étoit d'enflammer les courages, & d'enlever à la crainte tous ses scrupules & ses prétextes. *Aske* est en gothique le *frêne*, & *embla*, l'aulne. D'autres chercheront la raison de la préférence donnée à ces deux arbres, & le rapport qui se trouve entre les deux sexes, & ces deux sortes de bois.

(2) *Où demeurent les dieux. Asgard* est mot à mot la cour des dieux. Quelques manuscrits ajoutent qu'*Asgard* est Troye. C'est une note marginale de quelque copiste insérée par méprise dans le texte. Les dieux étant sans cesse menacés des attaques des géans, avoient bâti au milieu de la grande enceinte nommée

Midgard (ou la demeure du milieu) une citadelle des plus fortes. C'est l'Olympe d'Homère, comme les géans sont les Titans. Je me lasse de répéter que les Celtes aussi-bien que les Grecs avoient puisé toutes ces fables dans la grande source commune des traditions Orientales. Mais les peuples du Nord les gardèrent plus de deux mille ans, à-peu-près telles qu'ils les avoient reçues, au lieu qu'elles trouvèrent un terroir si favorable dans la Grèce qu'en peu de temps elles s'y multiplièrent au centuple.

(5) *La terre est sa fille & sa femme.* Cette fable prouve que les Celtes appeloient du nom de *Frigga* l'épouse du Dieu suprême, & que cette *Frigga* étoit en même temps la terre. Ce dogme est d'une très-grande antiquité, & a été reçu généralement de toutes les nations celtiques. Les Druides enseignoient que le Dieu suprême étoit le principe actif, l'ame du monde qui s'unissant à la matière l'avoit mise en état de produire les intelligences, ou les dieux inférieurs, l'homme & les autres créatures. C'est ce que les poëtes exprimoient figurément en disant qu'*Odin* avoit épousé *Frigga* ou *Fréa*, c'est-à-dire, la *Dame* par excellence. On ne peut douter après avoir lu cet endroit de l'*Edda* que ce ne fût cette même *déesse* à laquelle, au rapport de *Tacite*, les Germains avoient consacré quelqu'une des isles Danoises, & qu'ils vénéroient sous le nom de *Herthus*. (*Erde* signifie encore aujourd'hui la terre en Allemand.) On peut lire sur le culte qui lui étoit rendu, ce qu'en a écrit M. *Pelloutier*,

hist. des Celtes, Tom. II. Quoique ce fût le concours du Dieu suprême & de la matière qui eût produit cet univers, les Celtes mettoient une grande différence entre ces deux principes: le Dieu suprême étoit éternel, la matière étoit son ouvrage, & avoit par conséquent commencé. Tout cela en langage ancien s'exprimoit comme on le lit ici: *la terre est la fille & la femme du Père Universel*. Enfin de ce mariage mystique étoit né le dieu *Thor*; *Asa-Thor* signifie le seigneur *Thor*. C'étoit le premier né du Dieu suprême, la plus puissante & la plus grande de toutes les divinités inférieures, ou des intelligences nées de l'union des deux principes. On ne peut douter que ce ne fût lui qui fut chargé de lancer la foudre. Le nom donné à ce dieu est encore celui du tonnerre dans les langues du Nord. Lorsqu'on y adopta le calendrier romain, le jeudi consacré à Jupiter, c'est-à-dire, au maître du tonnerre, le fut à *Thor*: on le nomme aujourd'hui *Thors-dag*, (jour de *Thor*.) Enfin *Adam de Brême*, auteur du onzième siècle, qui avoit voyagé dans ces pays, confirme que c'étoit-là l'idée que les Scandinaves s'en faisoient. *Thor cum sceptro Jovem exprimere videtur*, &c. hist. eccles. c. 223. C'étoit aussi sans doute le jupiter des Gaulois qui avoit, au rapport de *César*, *l'empire des choses célestes*; & le *Taran* que *Lucain* nous dit avoir été adoré des mêmes peuples: *Pharsal*. L. I. v. 444. *Taran* signifie encore le tonnerre dans la langue de la principauté de *Galles*.

Le mot phénicien *Thorom*, & celui des

montagnards d'Ecosse, *Toron*, qui désignent de même le tonnerre, se rapprochent encore plus de celui de *Thor*. Je ne pourrois, sans donner trop d'étendue à cette note, rapporter tout ce que les monumens du moyen âge nous apprennent du culte rendu à *Thor* ; à plus forte raison, dois-je me garder de parler de tous les peuples qui ont adoré le tonnerre comme un dieu ? La foudre est le plus éloquent, le plus universel, le plus persévérant de tous les missionnaires. Elle frappe à-la-fois les yeux, les oreilles, l'esprit & tout ce qu'il y a de sensible dans l'homme. Tout paroît miraculeux, surnaturel, effrayant dans ce terrible phénomène, & la mort & les ravages qui vont à sa suite achèvent d'ôter aux peuples ignorans la liberté d'en raisonner de sang froid.

SIXIÈME FABLE.

De Nor le Géant.

LE géant *Nor* est le premier qui habita le pays des géans. (1) Il a eu une fille qu'on nomme la *Nuit*, qui est noire comme toute sa famille : elle a d'abord été mariée à un homme appelé *Naglefara*, dont elle a eu un fils nommé *Auder*. Ensuite elle épousa *Onar*, & leur fille fut la terre. Cette fille fut accordée à *Daglinger* qui est de la famille des dieux. Ils produisirent ensemble le *Jour* qui est brillant & beau, comme toute la famille de son père (2). Alors le Père Universel prit *la Nuit* & *le Jour*, il les plaça dans le ciel, & leur donna deux chevaux & deux chars pour qu'ils fissent l'un après l'autre le tour du monde. La nuit va la première sur son cheval nommé *Rimfaxe* (*crinière de glace.*) Tous les matins en commençant sa course il arrose la terre de l'écume qui dégoute de son frein ; (c'est la rosée.) Le cheval dont le *Jour* se sert, se nomme *Skinfaxe* (crinière lumineuse), & de sa crinière brillante il éclaire l'air & la terre (3). *Gangler* demanda alors comment le jour règle le cours du soleil & de la lune. *Har* répond : il y avoit autrefois un homme qui avoit deux enfans si beaux & si bien faits qu'il donna à son fils le nom de (*Mane*) Lune, & à sa fille celui de (*Sunna*) Soleil (4). Mais les dieux irrités de ce qu'ils avoient eu l'arrogance de prendre de si grands noms, les élevèrent au ciel, obligèrent la fille à conduire le char du soleil que les dieux avoient formé des feux qui jaillissoient du monde de feu pour éclairer la terre. Les dieux placèrent de plus sur chaque cheval deux outres pleines d'air pour les rafraîchir; c'est de-là que vient, suivant les plus anciens récits, la fraîcheur du matin. *Mane* règle le cours de la lune, & ses différens quartiers. Un jour il enleva deux enfans qui revenoient d'une fontaine portant une cruche suspendue à un bâton. Ces deux enfans accompagnent toujours la lune, sur laquelle on peut les voir aisément depuis la terre. Mais, interrompt *Gangler*, le soleil court extrêmement vîte, comme s'il craignoit quelqu'un. Je le crois bien, répondit *Har*, il y a près de lui deux loups prêts à le dévorer. L'un poursuit le soleil qui le craint, parce qu'un jour il en sera englouti. L'autre s'attache à la lune, & lui

sera aussi quelque jour subir le même sort. *Gangler* dit: d'où sont venus ces loups-là? *Har* répliqua: il y avoit à l'orient de *Midgard* une géante qui demeuroit dans une forêt dont les arbres sont de fer. C'est d'elle que sont nommées toutes les géantes qui habitent dans ce lieu. Cette vieille magicienne est la mère de plusieurs géans qui ont tous la forme de bêtes féroces. C'est d'elle aussi que sont nés ces deux loups. On dit qu'il y en a un de cette race qui est le plus redoutable de tous ; c'est un monstre qui s'engraisse de la substance des hommes qui approchent de leur fin: quelquefois il dévore la lune (5) & répand du sang sur le ciel & dans les airs. Alors le soleil est aussi obscurci, comme il est dit dans ces vers de la *Voluspa*: « près du levant
» habite la vieille magicienne de la forêt
» aux arbres de fer. C'est-là qu'elle pro-
» duit divers monstres ; un d'eux devient
» le plus puissant de tous. C'est celui
» qui se nourrit de la vie de ceux qui
» sont près de leur fin. Un jour revêtu
» des dépouilles des autres géans, il
» teindra dans le sang l'armée des dieux :
» l'été suivant la lumière du soleil s'é-
» teindra. Des vents pernicieux souffle-
» ront de tous côtés. N'entendez-vous
» pas ce discours ? »

REMARQUES

SUR LA SIXIÈME FABLE.

(1) *Les pays des géans.* Il y a de grandes contestations entre les savans sur ce pays des géans dont il est éternellement question dans toutes nos anciennes chroniques du Nord. Je n'aurois qu'à donner une idée de leurs principales conjectures pour faire une note très-érudite qui ennuyeroit certainement mes lecteurs, & pourroit bien ne leur rien apprendre de ce qu'ils souhaiteroient de savoir.

(2) *Comme la famille de son père.* On peut remarquer dans cette généalogie allégorique que c'est la nuit qui enfante le jour. Tous les peuples Celtes sans exception ont cru la même chose. Les raisonneurs anciens, plus souvent encore que les modernes, étoient réduits à expliquer *obscurum per obscurius*. Cela a bien sa commodité & son analogie avec le tour de notre esprit dont la curiosité est très-avide, mais se repaît cependant quelquefois aussi bien de mots que d'idées. La nuit étant ainsi la mère du jour, on croyoit lui devoir l'attention de préférer son nom à celui de son fils pour compter le temps. D'ailleurs il étoit naturel que se servant, comme on faisoit, de mois purement lunaires, on comptât le jour civil du coucher du soleil & du temps où la lune paroît sur l'horizon. Il ne sera pas

inutile de dire ici un mot de l'universalité de cet usage: les Gaulois l'observoient déjà du temps de *César*, qui l'affirme positivement, & les Germains faisoient la même chose au rapport de *Tacite*. La loi salique & les constitutions de Charlemagne employent les mêmes façons de parler. (v. Antiq. *Keysl.* p. 197.) Les sentences rendues en France dans les tribunaux, il n'y a pas fort long-temps, ordonnoient souvent *de comparoir dedans* 14 *nuits*, & comme le jour étoit censé amener la nuit avec lui, on dit ensuite *dans* 15 *jours*, façon de parler celtique & romaine tout-à-la fois. Les Anglois disent encore aujourd'hui *Senight* pour *Sevennight* (*sept nuits*), c'est-à-dire, une semaine, & *fornight* pour deux semaines ou 14 jours. Dans les anciennes histoires du Nord il est souvent parlé d'enfans de deux ou trois nuits, ou de deux hivers & de deux nuits.

(3) *Il éclaire l'air & la terre.* Voici de la physique des premiers âges. Dans le besoin d'expliquer des choses dont la cause est obscure, les hommes de tout pays ont suivi la même route; ils se sont représenté l'inconnu sous l'image de ce qu'ils connoissoient. C'est-là sans doute la première origine des fables. Nous voyons au premier coup-d'œil que ce ne sont pas des hommes qui dispensent la pluie & le beau temps, qui lancent la foudre, &c. Il a donc fallu imaginer des êtres plus puissans pour opérer ces prodiges; & comment se les figurer différens des hommes ou des animaux? Ces solutions satisfaisoient à-la-fois la curiosité & l'imagination, elles étoient faciles à com-

prendre, elles intéressoient le cœur par mille endroits; elles devoient donc faire fortune, & une fortune durable. C'est aussi ce qui est arrivé chez toutes les nations du monde. Celles qui ont ouvert les yeux sur la fausseté de ces explications n'y ont même renoncé qu'à regret, & peuvent encore s'en amuser sans les croire. On trouvera dans cette mythologie plus d'une preuve que les peuples du Nord n'ont pas moins cédé que les autres à cette pente naturelle, & il faudra convenir avec M. de *Fontenelle* que quoiqu'un soleil vif & ardent puisse donner aux esprits une dernière coction qui perfectionne la disposition qu'ils ont à se repaître de fables tous les hommes ont pour cela des talens indépendans du soleil.

[4] *Et à sa fille celui du soleil.* Le mot de soleil est encore du genre féminin en Allemand, & la lune du masculin. Cela avoit lieu autrefois dans presque tous les dialectes de la langue gothique. Cet endroit renferme une explication à l'antique de toutes les apparences célestes. Les poëtes vouloient rendre raison des différentes phases de la lune, de la fraîcheur du matin, du cours du soleil, &c. Je laisse à examiner à quelqu'autre commentateur plus versé que moi dans l'astronomie, si les taches de la lune ont quelque rapport à l'image que l'*Edda* nous en donne.

[5] *Quelquefois il dévore la lune.* Voilà la cause des éclipses, & c'est sur cette imagination très-ancienne qu'est fondé l'usage général de faire du bruit pour épouvanter le monstre qui veut dévorer les grands luminaires. Menacée

tant de fois d'être engloutis, y avoit-il lieu d'espérer qu'ils échappassent toujours? Les Celtes qui ne perdoient jamais de vue la ruine future de cet univers ne s'en flattoient pas. Le monstre devoit enfin réussir au dernier jour comme on le verra dans la suite. Je ne dis rien de l'idée que ce même monstre suçoit la substance des hommes qui dépérissent insensiblement. On en trouveroit encore des traces dans des préjugés populaires de nos jours, si la chose en valoit la peine. Il vaut mieux remarquer ici combien nous devons de tranquillité aux progrès des sciences, & en particulier à l'étude de la nature.

SEPTIÈME FABLE.

Du chemin qui mène au Ciel.

GANGLER demande : par quel chemin va-t-on de la terre au ciel ? *Har* répondit en souriant, votre question n'est pas sensée : est-ce qu'on ne vous a pas dit que les dieux ont fait un pont qui va de la terre au ciel ? Vous l'avez sûrement vu, mais peut-être vous l'appelez *l'arc-en-ciel*. Il est de trois couleurs, extrêmement solide, & construit avec plus d'art qu'aucun ouvrage du monde; mais quoi qu'il soit très-fort, il sera cependant mis en pièces, lorsque les génies du monde de feu après avoir traversé les grands fleuves des enfers passeront sur ce pont à cheval. *Gangler* dit alors : il me semble qu'il y a de la mauvaise foi dans la manière dont ce pont est construit puisqu'il est sujet à se rompre, & que les dieux peuvent faire tout ce qu'ils veulent. Les dieux, répondit *Har*, ne doivent pas être condamnés pour cela ; le pont est fort bon, mais il n'y a rien dans ce monde qui puisse espérer de résister lorsque ces génies de feu sortiront pour faire la guerre (1). Mais, dit *Gangler*, que fit le père universel après qu'il eût bâti *Asgard*? *Har* repliqua: il établit au commencement des gouverneurs, (2) & leur ordonna de juger les différends qui s'élèveroient entre les hommes, & de régler ce qui concernoit le gouvernement de la ville célefte. L'affemblée de ces juges fe tient dans la plaine nommée *Ida* qui eft au milieu de la réfidence divine. Leur premier ouvrage fut de bâtir la falle dans laquelle font leurs douze fiéges, (3) outre le trône que le père universel occupe. Cette falle eft la plus grande & la plus magnifique du monde, on n'y voit que de l'or audehors & au-dedans; on la nomme *Gladheim* (féjour de la joie.) Ils en conftruifirent une autre à l'ufage des déeffes; c'eft un féjour très-agréable & très-beau; on l'appelle *Vingolf* (féjour d'amour ou d'amitié.) Enfin ils bâtirent une maifon dans laquelle ils poférent des fourneaux, des marteaux, une enclume, & tous les autres inftrumens d'une forge; après quoi ils travaillèrent le métal, la pierre, le bois, & composèrent une fi grande quantité de ce métal qu'on appelle *or* qu'ils en firent tous les meubles, & que les harnois même de leurs chevaux étoient d'or pur; d'où vient qu'on appelle cet âge, *l'âge d'or* : (4) C'est celui qui s'est écoulé jusqu'à l'arrivée des femmes sorties du pays des géans qui le corrompirent. Alors les dieux s'étant assis sur leurs trônes rendirent la justice, & délibérèrent sur ce qui concernoit les *Nains*. Cette espèce de créatures s'étoit formée dans la poudre de la terre, comme les vers naissent dans un cadavre. En effet c'étoit dans le corps du géant *Ymer* qu'ils s'étoient engendrés, & qu'ils avoient reçu le mouvement & la vie. Dans ces premiers commencemens ils n'étoient que des vers ; mais par l'ordre des dieux ils participèrent à la raison de l'homme & à sa figure, habitant toujours cependant dans la terre & entre les rochers. (5) *Ici suit une longue liste des nains les plus fameux, contenue dans des vers de la Voluspa. Les uns, est-il dit dans ce poëme, demeurent dans les rochers, & les autres dans la poussière, &c.*

REMARQUES

SUR LA SEPTIÈME FABLE.

(1) *Quand les génies feront la guerre.*] Il est singulier de voir revenir si souvent cette menace. Tous les Celtes pensoient aussi que la nature étoit sans cesse en danger, & que des ennemis publics & secrets après l'avoir long-temps minée & ébranlée amèneroient enfin le grand jour de sa ruine totale. Cette idée mélancolique avoit, je pense, été prise originairement de quelqu'un de ces desordres auxquels notre monde est souvent exposé, & où l'on croit voir combattre ensemble les puissances qui le gouvernent : quoiqu'elle ait dû s'étendre & s'imprimer avec plus de facilité dans les climats où les saisons sont sujettes à des révolutions subites & extrêmes, on sait qu'il n'y a eu presqu'aucun peuple qui n'ait attendu la fin du monde; qui ne se la soit représentée à sa manière, ou comme une inondation, ou comme un incendie, ou comme le résultat d'un combat entre les bons & les mauvais génies. L'*Edda* employe à la fois ces trois moyens, tant ce dogme occupoit l'esprit des poëtes théologiens du Nord.

(2) *Il établit des gouverneurs.*] Les législateurs des Scythes faisoient regarder Dieu lui-même comme l'auteur des loix qu'ils donnoient à leurs concitoyens. Il ne faut pas croire

que cette prétention n'ait jamais été qu'une imposture politique. Quand les hommes furent parvenus à se représenter les dieux comme les protecteurs de la justice & de la bonne foi, les loix qui assuroient les droits de ces vertus étant regardées comme l'expression de leur volonté, pouvoient bien être appelées leur ouvrage. Le respect & la reconnoissance qu'inspiroit un si grand bienfait autorisoient cette façon de parler mal interprétée dans la suite. On sait que chez tous les peuples la fonction de rendre la justice n'a point été d'abord distincte du sacerdoce. Les Celtes conservèrent cet usage plus long-temps que les autres. Tous les anciens nous disent que leurs prêtres étoient les arbitres des différends des particuliers, & des intérêts de la nation, qu'ils adjugeoient les biens disputés, frappoient d'anathême les rebelles, & punissoient de mort les coupables. Comment n'eût-on pas tremblé devant des gouverneurs, qui, pour parler avec l'*Edda*, rendoient la justice au nom du Dieu suprême ? En effet au rapport de *César* & de *Tacite*, les prêtres seuls chez les Germains avoient droit d'infliger des peines, non point au nom du prince ou du peuple, mais au nom du dieu des armées, au nom de ce dieu qui les *avoit établis pour gouverneurs*. [v. *Tacite* Germ. c. 7. *César* L. 6.] De-là vient que ces peuples en embrassant le christianisme se trouvoient déjà tout disposés à attribuer aux prêtres & aux évêques chrétiens ce pouvoir surnaturel & illimité, à avoir pour leurs décisions cette foi sans bornes, pour leurs personnes ce respect outré qui ont souvent causé tant de maux.

(3) *Où sont leurs douze siéges.*] Ces juges étoient au nombre de douze. Cela viendroit-il de ce qu'il y avoit douze dieux principaux chez les Celtes, comme chez les Grecs & les Romains? Je ne le déciderai point; mais je ne puis m'empêcher de trouver ici les premières traces d'un usage qui s'est étendu à bien des choses. *Odin* le conquérant du Nord établit en Suède une cour suprême composée de douze membres qui l'assistoient dans les fonctions du sacerdoce & du gouvernement. On peut croire que ç'a été là l'origine de ce qu'on appela ensuite le sénat, & que la même chose a eu lieu en Dannemarc, en Norvège & dans d'autres états. Les sénateurs jugeoient autrefois en dernier appel les différends considérables; ils étoient, pour ainsi dire, les assesseurs du prince, ils étoient au nombre de douze. *Saxon* nous l'apprend dans la vie du roi *Regner Lodbrog*. Les monumens ne nous manquent point sur ce sujet. On trouve en *Sélande*, en *Suède* près d'*Upsal*, & ailleurs dans le Nord de grosses pierres au nombre de douze, rangées en cercle, & une plus élevée au milieu. Telle étoit dans ces âges rustiques la salle d'audience; les pierres de la circonférence étoient les siéges des sénateurs, celle du milieu le trône du roi. Des monumens semblables se trouvent aussi en Perse près de *Tauris*; on y rencontre fréquemment de grands ronds de pierre de taille; & la tradition du pays porte que ce sont les lieux où les *Caous*,

[les géans] tenoient conseil. V. *Chardin*, *voyage de Perse* T. 3. p. 13. Il pourroit bien y avoir quelques vestiges de cet ancien usage cachés dans la fable des douze pairs de France, & dans l'institution des douze jurés en Angleterre ; mais c'est une conjecture que j'abandonne à mes lecteurs.

(4) *On appelle cet âge l'âge d'or.*] Cet âge d'or de l'*Edda* ne vaut pas celui des poëtes grecs, mais il pourroit bien avoir en revanche l'avantage de quelque réalité. On ne sauroit douter que cette mythologie, comme toutes les mythologies du monde, ne confonde perpétuellement les dieux naturels avec les personnages déifiés à qui on a donné leurs noms. Les hommes illustrés par de grandes découvertes, ou par leur attachement au culte des dieux, en ont reçu les noms après leur mort, & les âges suivans n'ont bientôt plus songé à les distinguer. Chez nos Scythes, les premiers qui trouvèrent une mine d'or, ou de quelqu'autre métal, qui surent le mettre en œuvre, & s'en faire un ornement, furent regardés sans doute comme des personnages divins. Une mine offerte par le hasard aura fait aisément les frais de cette magnificence passagère dont l'*Edda* conserve ici un foible souvenir.

(5) *Habitent entre les rochers.*] Cet endroit mérite quelqu'attention. On y reconnoît un des effets de ce préjugé barbare qui a fait regarder pendant tant d'années les arts & les métiers comme l'occupation des lâches & des esclaves. Nos pères les Celtes, tant Germains

que Scandinaves ou Gaulois, supposant dans l'industrie quelque chose de magique & de plus qu'humain, se persuadoient avec peine qu'un artiste habile pût être de la même espèce qu'eux, & venir d'une origine commune. Cette idée étoit assez folle, il faut en convenir; mais voici ce qui put aider à la faire entrer dans les esprits. Il y eut peut-être une nation voisine de quelqu'une de celles des Celtes moins belliqueuse, d'une force & d'une taille inférieures, mais plus adroite, & qui s'appliquant aux ouvrages des mains, en faisoit avec eux une sorte de commerce assez étendu pour que le bruit s'en répandit en divers lieux. Tout cela conviendroit assez aux Lapons, grands docteurs en magie, autant que petits de leur corps, pacifiques jusqu'à la poltronnerie, & d'une industrie qui a pu paroître considérable autrefois. Les contes qu'on en faisoit ayant passé par les bouches de tant d'ignorans, acquirent bientôt tous les degrés de merveilleux dont ils étoient susceptibles. Ainsi les nains firent bientôt [comme le savent tous ceux qui ont un peu lu les anciens romans] des armures enchantées sur lesquelles les épées, ni les conjurations n'avoient aucun effet; ils avoient des cavernes pleines de trésors à leur disposition; ce qui, pour le dire en passant, a donné naissance à un des dogmes de la cabale qui n'est peut-être qu'une des branches de la théologie celtique. Comme les nains étoient foibles & peu courageux, on les supposa rusés, artificieux, & *déloyaux*, c'est le caractère que les romans leur prêtent toujours. Toutes ces imaginations ayant reçu le sceau du temps & de l'unanimité, ne purent plus être contestées, & les poëtes furent chargés de trouver une origine à ces créatures disgraciées. Cela se fit sans sortir du cadavre du grand géant. Les nains n'avoient d'abord été que les vers qui s'y étoient engendrés; ensuite les dieux leur donnèrent l'intelligence & l'adresse. Par cette fiction on justifioit le mépris qu'on avoit pour eux, on expliquoit leur petitesse, leur industrie, le goût qu'on leur supposoit pour habiter dans des antres & des fentes de rochers. Au reste l'opinion qu'il y a dans la terre des nains ou de petits hommes riches, industrieux & malfaisans, n'est point encore détruite partout. Le peuple en est encore persuadé dans plusieurs pays du Nord. En Islande les bonnes gens montrent des rochers & des collines où ils soutiennent qu'il y a des fourmilières de petits hommes souterrains de la plus petite & de la plus agréable figure.

De même en Norvège le peuple croit encore dans quelques cantons, à l'existence de cette race de nains. Il ne les regarde pas comme des êtres bien méchans, mais il est persuadé cependant qu'ils se plaisent à jouer des tours, à dérober, par exemple, les outils des ouvriers qu'ils leur rendent quelquefois ensuite de leur propre volonté, en faisant de grands éclats de rire à leurs dépens. Ils s'occupent aussi à divers ouvrages; ce sont eux, par exemple, qui taillent les cryftaux qu'on trouve dans les rochers, car ils ont beaucoup d'adresse & de goût. [V. Sundmors Beskrivelse cap. 10.]

HUITIÈME FABLE.

De la sainte ville, ou de la résidence des dieux.

GANGLER demanda : quelle est la capitale des dieux, ou la ville sacrée ? *Har* répond : c'est sous le frêne Ygdrasil, que les dieux s'assemblent chaque jour & rendent la justice (1). Mais, dit *Gangler*, qu'y a-t-il à remarquer touchant ce lieu-là ? Ce frêne, dit *Jafnhar*, est le plus grand & le meilleur de tous les arbres : ses branches s'étendent sur tout le monde, & s'élèvent au-dessus des cieux ; il a trois racines extrêmement éloignées les unes des autres ; l'une est chez les dieux, l'autre chez les géans, là où étoit autrefois l'abyme ; la troisième couvre les enfers, & c'est sous cette racine qu'est la source des fleuves qui y coulent : un serpent ronge cette racine par dessous ; sous la racine qui va chez les géans est une célèbre fontaine dans laquelle la sagesse & la prudence sont cachées ; celui qui la possède se nomme *Mimis* ; il est plein de sagesse parce qu'il y boit tous les matins. Un jour le père universel vint demander à boire un coup de cette eau ; mais il fut obligé de laisser pour cela un de ses yeux en gage, comme il est dit dans la *Voluspa* : « *Odin*, où as-tu caché ton œil ? Je le » sais, c'est dans la limpide fontaine de » *Mimis*. Tous les matins *Mimis* verse » de l'hydromel sur le gage qu'il a reçu » du père universel. Entendez-vous » cela, ou non ? » (2) La troisième racine du frêne est dans le ciel, & sous cette racine est la sainte fontaine du temps passé. C'est dans cet endroit que les dieux prononcent leurs sentences. Tous les jours ils s'y rendent à cheval passant sur l'arc-en-ciel qui est le pont des dieux. Voici les noms des chevaux des dieux : *Sleipner* est le meilleur de tous, il a huit pieds & appartient à *Odin*. Les autres sont *Glader*, &c. Le cheval du dieu *Balder* a été brûlé avec lui : pour *Thor* il va à pied au tribunal des dieux, & passe les fleuves à gué tous les jours pour venir juger sous le frêne, car le pont des dieux est tout en feu. Comment, interrompt *Gangler*, est-ce que le pont du ciel est en feu ? *Har* lui dit : ce que vous voyez de rouge dans l'arc-en-ciel est du feu qui brûle dans le ciel. Car les géans des montagnes monteroient au ciel par ce pont, s'il étoit aisé à tout le monde d'y marcher.

Il y a dans le ciel plusieurs villes fort agréables, & où il y a une garnison divine. Près de la fontaine qui est sous le frêne, il y a une ville extrêmement belle, où demeurent les trois vierges nommées (*Urda*) le *passé*, (*Verandi*) le *présent*, & (*Skulda*) l'*avenir*. Ce sont elles qui dispensent les âges des hommes, on les appelle *Nornes* (fées ou parques:) mais il y en a plusieurs autres qui assistent à la naissance de chaque enfant pour décider de sa destinée. Les unes sont d'origine divine, d'autres descendent des génies, d'autres des nains, comme il est dit dans ces vers: *Il y a des fées de diverse origine, quelques-unes viennent des dieux, d'autres des génies, d'autres des nains.* Gangler dit alors: si les fées dispensent les destinées des hommes, elles les dispensent bien inégalement: quelques-uns sont heureux & riches, d'autres vivent sans bien & sans gloire: ceux-ci parviennent à un âge avancé; ceux-là meurent de bonne heure. *Har* répondit: les fées qui sont d'une bonne origine sont bonnes, & dispensent de bonnes destinées; mais les hommes à qui il arrive du malheur, doivent l'attribuer aux méchantes fées. (3°). *Gangler* continue &

veut savoir quelque chose de plus touchant le frêne. *Har* lui dit: voici ce qu'il me reste à vous en dire. Il y a un aigle perché sur les branches du frêne qui sait beaucoup de choses, mais il a entre ses yeux un épervier. Un écureuil monte & descend du frêne semant de mauvais rapports entre l'aigle & le serpent caché sous la racine. Quatre cerfs courent à travers les branches de l'arbre, & en dévorent l'écorce. Il y a tant de serpens dans la fontaine d'où sortent les fleuves des enfers qu'aucune langue ne peut les compter, comme il est dit dans ces vers: « le grand frêne souffre plus de choses » qu'un homme ne peut croire. Un cerf » le gâte en haut, il pourrit dans les » côtés, un serpent le ronge par des- » sous; & dans ceux-ci, il y a plusieurs » serpens sous le grand frêne, &c. » On raconte de plus que les fées qui se tiennent près de la fontaine du *passé* y puisent de l'eau dont elles arrosent le frêne de peur que ses branches ne pourrissent, ou ne se séchent. Cette eau est si sainte que tout ce qu'elle touche devient aussi blanc que la peau qui enveloppe l'intérieur de l'œuf. Il y a sur ce sujet des vers très-anciens, dont voici le sens: « le grand & sacré frêne est arrosé

» par une eau blanche, d'où vient la » rosée qui tombe dans les vallées, & » qui sort de la fontaine du passé. » Les hommes appelent cette rosée *rosée du miel*; c'est la nourriture des abeilles. Il y a aussi deux cignes dans cette fontaine qui ont produit tous les oiseaux de cette espèce.

REMARQUES
SUR LA HUITIÈME FABLE.

(1) *Rendent la justice.*] On a vu dans la fable précédente que les dieux s'assembloient en plein air dans une vallée. Ici leur principale résidence est sous un frêne : c'est que les dieux ont toujours suivi les usages des hommes. Les Celtes n'ont eu long-temps d'autre lieu de rendez-vous que quelqu'arbre remarquable par sa grandeur & son ancienneté. Les états de l'*Ost-Frise* s'assembloient encore dans le treizième siècle sous trois grands chênes qui étoient près d'*Aurich*, & la plupart des princes d'Allemagne tenoient leurs conférences sous des arbres, il n'y pas plus de trois cent ans. La répugnance que ces peuples avoient pour les lieux fermés, la crainte de se mettre entre les mains d'un perfide plus fort dans son donjon que les loix & les magistrats, enfin ce respect si ancien & qui n'a pas cessé partout, que la religion inspiroit pour les arbres sont probablement les causes de l'usage singulier auquel l'*Edda* fait ici allusion.

(2) *Entendez-vous cela ou non ?*] On ne peut répondre que par la négative. Toute cette description est assurément allégorique ; on y entrevoit quelques lueurs. On croit voir, par exemple, en général que le grand frêne est

du monde moral en même temps. C'est le plus grand, le plus beau des arbres, ses racines touchent au ciel, & aux enfers, ses branches s'étendent à l'infini. Mais en même temps qu'il offre ce pompeux spectacle il est la proie de mille ennemis, des serpens rongent ses racines, il est dévoré dans son sommet par un cerf, il pourrit dans les côtés *Il souffre plus de maux qu'un homme ne peut le croire*, & on verra plus bas, qu'au dernier jour ce *frêne sublime* sera violemment ébranlé. C'est donc ici sous une autre image cette même doctrine qui s'est déjà annoncée dans l'*Edda* & qui y sera de plus en plus développée. Doctrine qui présente ce monde comme étant toujours en proie à des puissances qui le menacent & qui le détruiront enfin, doctrine triste & affligeante peut-être plus que mal fondée, qui semble indiquer que les peuples Celtes qui l'avoient particulièrement adoptée recevoient du climat une imagination noire & défiante, ou qu'ils avoient mieux conservé que les autres un souvenir confus de ces grandes catastrophes auxquelles on ne peut guères douter que notre globe n'ait été une fois exposé.

(3) *L'attribuer aux méchantes fées.*] Voici une théorie complète de la féerie. On trouve dans ce passage de l'*Edda* le germe de ce que les romans anciens, & les superstitions populaires ont développé & appliqué à tant de choses. Tous les Celtes ont eu la plus grande vénération pour les fées, & elles le méritoient bien, puisque le sort de chaque homme étoit entre leurs mains. Les romans nous avoient

bien appris qu'il y en avoit de bonnes & de mauvaises, mais ils ne mettoient pas d'autres différences entr'elles. Les trois principales, selon l'*Edda*, sont le *présent*, le *passé*, & l'*avenir*, circonstance qui manquoit à la fable des parques grecques, & qui n'est pas mal imaginée. Les Romains qui agrandissoient le ciel à mesure qu'ils étendoient leur empire, ayant adopté ces divinités celtiques, leur consacrèrent divers monumens dont quelques-uns ont été retrouvés. Ces monumens s'accordent très-bien avec l'*Edda*. Ils représentent presque tous trois femmes. Les oracles qu'elles prononçoient les avoient rendues très-célèbres. On y recouroit surtout à la naissance des enfans. Il y avoit des cavernes en divers lieux où l'on croyoit pouvoir jouir de leur présence & les entendre parler. Quelques endroits portent encore le nom de *four aux fées*, de *puits aux fées*, de *grottes des fées*, &c. Saxon le grammairien parle d'une chapelle où le roi *Fridleif* alla les consulter sur le sort de son fils *Olaüs*, & il ajoute qu'il y vit trois filles assises. *Saxo*. L. 6. Cette superstition générale en Europe a duré presqu'aussi long-temps que celle qui faisoit croire aux sorciers. On voit par le procès de la *pucelle d'orléans* qu'elle fut accusée d'être allée souvent consulter les fées vers un certain chêne dans un lieu écarté. Ces fées étoient, je pense, dans leur origine des prophétesses déifiées. Les femmes des Celtes avoient des talens particuliers pour renchérir sur toutes les superstitions, & pour tirer de tout des augures. Celles qui se seront le plus distinguées dans cet art auront été mises au rang des déesses. Comme elles prédisoient le sort des hommes, on a bien pu croire qu'elles le faisoient : & c'est ainsi sans doute que de proche en proche on a abandonné toute la nature à leur disposition. Cette erreur est d'ancienne date. Sous *Vespasien* il y avoit chez les Germains, au rapport de *Tacite*, une fille nommée *Velleda*, moitié prophétesse & moitié fée, qui du haut d'une tour où elle vivoit en recluse, exerçoit au loin une puissance égale ou supérieure à celle des rois, *late imperitabat*, dit *Tacite*. Les plus illustres guerriers n'entreprenoient rien sans son aveu, & lui consacroient une partie du butin. V. *Tacite* hist. L. 4. & 5. On a parlé ailleurs de la grande considération dont les femmes jouissoient chez les Germains & les Scandinaves. J'ajouterai à l'occasion des fées & du culte qu'on leur rendoit chez ces peuples, que les femmes partageoient avec leurs maris les fonctions du sacerdoce, qu'elles égorgeoient les victimes, & même les victimes humaines, & fondoient, comme on le vit dans la guerre des Cimbres, leurs divinations sur la manière dont elles voyoient couler le sang de ces malheureux. Une autre de leurs fonctions à la guerre étoit de dévouer l'armée ennemie par d'horribles imprécations. Elles avoient des fêtes, des lieux sacrés, des oracles qui n'étoient que pour leur sexe. Enfin elles jouoient le plus grand rôle dans tout ce qui tenoit à la religion, & par cela même dans toutes les affaires de ce monde. Les

Germains, dit *Tacite*, vont jusqu'à croire qu'il y a quelque chose de divin dans ce sexe. *Dociles à ses conseils, ils les regardent comme des oracles*. Voilà le principe de la féerie. Tout ce qu'on a vu dans les âges suivans n'en étoit qu'une conséquence. C'étoit une grande habileté aux femmes de ces temps-là que d'avoir su établir l'opinion de leur *divinité* chez des hommes féroces qui n'estimant que la force & la valeur n'auroient eu sans ce préjugé que du mépris pour les femmes à l'exemple de tous les autres peuples sauvages. Dans la suite à mesure qu'elles ont réussi à les civiliser & à les adoucir cette ressource leur est devenue moins nécessaire, & enfin cet artifice fondé sur la superstition leur a paru tout-à-fait inutile surtout dans la plupart de nos monarchies modernes. Leur force y dérive de la foiblesse & de la frivolité des hommes. Elles ne sont plus des divinités que pour les poëtes, mais *dociles à leurs conseils, les hommes ne les regardent pas moins comme des oracles*.

NEUVIÈME FABLE.

Des villes qui sont dans le ciel.

GANGLER dit à *Har* : vous me racontez des choses fort étonnantes ; mais quelles sont les autres villes sacrées qu'on voit dans le ciel ? *Har* lui dit : on y voit encore plusieurs villes très-belles. Dans l'une nommée *Alfheim* (1) demeurent des génies lumineux ; mais les génies noirs habitent sous la terre, & sont fort différens des autres par leur air, & surtout par leurs actions. Les génies lumineux sont plus brillans que le soleil, mais les noirs sont plus noirs que la poix. Il y a aussi dans ces lieux une ville qui ne cède à aucune en beauté, & une autre dont les murs, les colonnes & l'intérieur sont d'or, & le toit d'argent. On y voit aussi la ville nommée le *mont céleste*, située sur la frontière à l'endroit où le pont des dieux touche au ciel. La grande ville qui appartient à *Odin* est toute bâtie de pur argent ; c'est-là qu'est le trône royal, appelé la *terreur des peuples*. Quand le Père Universel y est assis, il peut contempler toute la terre. A l'extrémité du ciel vers le midi est la plus belle de toutes les villes ; on l'appelle *Gimle*. Elle est plus brillante que le soleil même, & subsistera encore après la destruction du ciel & de la terre : les hommes bons & intègres y habiteront pendant tous les âges. Le poëme de la *Voluspa* en parle ainsi : « Je sais qu'il y a un palais plus brillant » que le soleil & tout couvert d'or dans » la ville de *Gimle* ; les hommes ver- » tueux y doivent habiter & y vivre heu- « reux pendant tous les âges. » (2) *Gangler* demande alors : qui est-ce qui préservera cette ville lorsqu'une noire flamme viendra consumer le ciel & la terre ? *Har* repliqua : on nous a dit qu'il y a vers le midi un autre ciel plus élevé que celui-ci, & que l'on nomme *bleu-clair*, & au-dessus de celui-là un troisième ciel plus élevé encore appelé *le vaste*, dans lequel nous croyons que doit être cette ville de *Gimle* ; mais pour le présent il n'y a que les génies lumineux qui y demeurent.

REMARQUES

SUR LA NEUVIÈME FABLE.

(1) *Alfheim* signifie *séjour des génies*; peut-être plus particulièrement des génies qui habitent les montagnes, les lieux élevés, *Alf* ou *alp*, mot qui, dans toutes les branches de la langue celtique, a désigné les hautes montagnes. Ces génies dont il est ici question sont les fées du sexe masculin; on voit qu'il y en a de bons & de mauvais, car il n'y a pas apparence qu'on ait accordé quelque bonne qualité à des créatures plus noires que la poix. Je ne lasse d'observer que toutes les nations celtiques ont eu de ces génies. Les romans de chevalerie sont pleins de traits qui se rapportent à cette imagination. Il en est de même chez les Persans. Le peuple se persuade aussi en plusieurs endroits de la haute Allemagne que ces génies viennent de nuit se coucher sur ceux qui dorment à la renverse, & leur causer cette suffocation qu'on nomme en françois le *cochemar*. On s'en servoit encore pour rendre raison de certaines illusions voluptueuses ordinaires dans les songes, & de-là viennent les fables des *incubes* & des *succubes*, & l'opinion très-générale qu'il y avoit des génies & des sylphes des deux sexes qui ne dédaignoient point le commerce des humains. Avec une seule fiction

aussi féconde que celle-là on pouvoit se passer de toute notre physique, & ne pas laisser un seul phénomène sans explication. Pour cela il falloit seulement des génies bons & mauvais comme on en voit ici. Quant aux mauvais, c'étoit surtout à l'heure de midi qu'on les redoutoit; & en quelques endroits on se fait encore un devoir de tenir compagnie à cette heure aux femmes en couche, de peur que le démon du midi ne les attaque, s'il les trouve seules. Cette superstition n'a pas plus été inconnue en France qu'ailleurs, & elle est venue de l'Orient. St. *Basile* recommande de prier Dieu quelque temps avant midi pour détourner ce danger, & un passage des pseaumes de David semble y faire allusion. Les Celtes offroient des sacrifices dans la même vue. Quelqu'un a dit plaisamment que le vrai démon du midi étoit la faim quand on n'avoit pas de quoi la satisfaire. A la vue de tant de craintes chimériques & de pratiques gênantes & absurdes dont nous sommes aujourd'hui délivrés, qui pourra ne pas applaudir aux progrès des sciences & des lettres ?

(1) *Vivre heureux pendant tous les âges.*] L'*Edda* traitera encore la même matière avec plus d'étendue dans un autre endroit; c'est-là que je renvoye, pour éviter les répétitions, diverses remarques que j'aurois à faire sur ce passage important.

DIXIÈME FABLE.

Des dieux en qui l'on doit croire.

Gangler continue, & demande : qui sont les dieux que les hommes doivent reconnoître ? *Har* lui répond : il y a douze dieux que l'on doit servir. *Jafnhar* prend la parole & dit : les déesses ne sont pas moins saintes. *Tredie* ajoute : *Odin* est le premier & le plus ancien des dieux, il gouverne toutes choses ; & quoique les autres dieux soient puissans, cependant ils le servent tous comme des fils servent leur père. (1) Sa femme *Frigga* prévoit les destinées des hommes, mais elle ne révèle jamais l'avenir, comme cela paroît par ce discours en vers qu'*Odin* tint un jour à *Loke* : « insensé *Loke* ! » comment veux-tu connoître la desti- » née ? *Frigga* seule connoît l'avenir, » mais elle ne le découvre à personne. » *Odin* est appelé le père universel parce qu'il est le père de tous les dieux. On l'appelle aussi le père des combats parce qu'il adopte pour ses fils tous ceux qui sont tués les armes à la main ;

il leur assigne pour séjour les palais de *Valhalla* & de *Vingolf*, & leur fait donner le nom de héros. Il a beaucoup d'autres noms encore, &c. *Gangler* dit là-dessus: voilà bien des noms, & je suis sûr qu'il faut être bien savant pour les connoître tous distinctement, & savoir à quelle occasion ils lui ont été donnés. *Har* répondit: il faut sûrement une grande habileté pour se ressouvenir de tous ces noms: je vous dirai cependant en peu de mots que la principale raison qui les lui a fait donner, c'est la grande diversité des langues; (3) car chaque peuple voulant l'adorer & lui adresser des vœux, a été obligé de traduire son nom dans sa propre langue. Quelques-uns de ses autres noms sont venus des aventures qui lui sont arrivées dans ses voyages, & qui sont racontées dans les anciennes histoires; & vous ne sauriez passer pour un homme habile si vous n'êtes pas en état de rendre compte de toutes ces merveilleuses aventures.

REMARQUES

Sur la dixième Fable.

(1) *Ils le servent tous comme des fils servent leur pere.*] Je suis obligé de revenir encore à *Odin*. Il n'y a rien dans toute l'antiquité payenne de plus formel sur la suprématie d'un dieu que ce passage. Le nom de *As* ou seigneur lui est encore donné dans cet endroit; les Gaulois l'appeloient de la même manière *Æs*, ou avec une terminaison latine *Esus*, car divers manuscrits de Lucain qui parle de ce dieu portent *Esus* sans aspiration. J'ai dit ailleurs que *Suétone* nous assure positivement la même chose des Etrusques. Les auteurs romains l'ont souvent appelé le *Mars* des peuples Celtes, parce que, comme l'*Edda* l'établit clairement ici, il étoit le même que le dieu de la guerre. Ainsi, quoiqu'en dise le savant abbé *Banier*, cet *Esus* nommé dans les monumens de la cathédrale de Paris est tout à la fois le dieu suprême, & pour parler avec l'*Edda*, *le pere des combats*, comme le P. *Pezron* l'avoit avancé. Voy. la *Mythol. & les fables expliq.* T. II. p. 650. M. *Pelloutier* a, ce me semble, prouvé incontestablement que le dieu suprême des Celtes, *Esus*, *Teut*, ou *Odin* étoit le dieu de la guerre. Il ne faut pas objecter que le père des dieux & des hommes n'a pu être appelé en même temps le *pere des*

combats, sans une contradiction manifeste ; l'*Edda* établit ce fait de manière à n'en pouvoir douter : d'ailleurs les contradictions n'empêchent pas toujours une opinion d'être reçue ; on trouve des arrangemens & des explications. Les Celtes regardoient la guerre comme une occupation très-sainte. Elle fournissoit, suivant eux, une occasion de montrer sa bravoure, de remplir les vues de la providence qui avoient été de nous placer ici-bas comme sur un champ de bataille, & de ne rien accorder qu'à la force & à la valeur.

(2) On trouve ici une nouvelle preuve de ce que j'ai observé ci-dessus du don de prophétie que les Celtes croyoient appartenir particulièrement aux femmes. *Frigga* l'épouse du dieu suprême, la première des déesles connoissoit seule l'avenir. Elle étoit la patronne de toutes les sybilles, de toutes les devineresses, de toutes les fées qui, lorsque le christianisme eut prévalu, ne portèrent plus que le nom ignoble de *sorcières*.

(3) *C'est la grande diversité des langues.*] Ce raisonnement sur les noms d'*Odin* peut renfermer quelque chose de vrai. Le texte rapporte un grand nombre de ces noms que j'ai supprimés par égard pour les oreilles qui ne sont pas accoutumées aux sons gothiques. Il est certain que presque tous les noms donnés au dieu suprême ont été des épithètes prises des qualités qu'on lui attribuoit, des lieux où on l'adoroit, des choses qu'il avoit faites, &c. Cette diversité de noms a souvent trompé les savans qui se sont appliqués à

l'étude de la religion celtique, comme ceux qui ont travaillé sur la mythologie greeque ou romaine. Dans les anciennes poésies Islandoises on trouve le Dieu suprême désigné de plus de cent-vingt & six manières différentes. Elles sont toutes rapportées dans la *Scalda* ou le dictionnaire poétique. Il falloit donc en effet quelque étude pour pouvoir rendre compte de toutes ces dénominations, parmi lesquelles il y en a plusieurs qui font allusion à des événemens particuliers.

ONZIÈME FABLE.

Du dieu Thor fils d'Odin.

LA-DESSUS *Gangler* demande : comment s'appelent les autres dieux, quelles sont leurs fonctions, & qu'ont-ils fait de glorieux ? *Har* lui dit : *Thor* est le plus illustre d'entr'eux ; on l'appelle *Asa-Thor*, c'est-à-dire *le seigneur Thor*, ou *Ake-Thor*, *l'agile Thor*. C'est le plus fort des dieux & des hommes (1). Il possède dans son royaume un palais où il y a 540 salles ; c'est la plus grande maison qu'on connoisse, comme cela est dit dans le poëme de *Grimnis*. « Il y a 540 » salles dans le palais tortueux du *dieu* » *Thor* ; & je crois qu'il n'y a pas de » plus grande maison que celle de cet » aîné des fils ». Le char de *Thor* est tiré par deux boucs ; c'est sur ce char qu'il va dans le pays des géans. Il possède de plus trois choses précieuses ; la première est une massue que les géans de la gelée & ceux des montagnes reconnoissent bien quand ils la voyent lancée contr'eux dans les airs ; & cela n'est pas étonnant, car ce dieu a souvent brisé de cette maſſue les têtes de leurs pères & de leurs parens. Le ſecond joyau qu'il poſsède, eſt ce qu'on nomme le *baudrier de vaillance* ; lorſqu'il le ceint, ſes forces s'augmentent de moitié. Le troiſième qui eſt fort précieux ſont ſes gants de fer dont il ne peut ſe paſſer quand il veut prendre le manche de ſa maſſue. Perſonne n'eſt aſſez ſavant pour rapporter tous ſes merveilleux exploits ; cependant je pourrois vous en raconter un ſi grand nombre que le jour finiroit plutôt que les récits de tous ceux dont je me ſouviens. *Gangler* lui dit alors : J'aime mieux apprendre quelque choſe des autres fils d'*Odin*. *Har* lui répondit en ces mots.

REMARQUES

Sur la onzième Fable.

(1) *Thor est le plus fort des dieux & des hommes.*] On se rappellera ici ce que j'ai dit plus haut de cette divinité des Celtes. La fonction de lancer la foudre qu'on lui attribuoit la faisoit passer pour la plus belliqueuse & la plus redoutable de toutes. C'étoit aussi *Thor* qui régnoit sur les airs, distribuoit les saisons, excitoit ou appaisoit les tempêtes. Thor, dit Adam de Brême, *est le dieu qui suivant ces peuples gouverne le tonnerre, les vents, les pluies, le beau temps & les récoltes.* v. Hist. Ecclef. Cette massue qu'il lançoit contre les géans des montagnes, & avec laquelle il leur brisoit la tête, est sans doute la foudre qui tombe le plus souvent sur les lieux élevés. On le regardoit en effet comme une divinité favorable aux hommes, comme celui qui les défendoit contre les attaques des géans & des mauvais génies. Il les combattoit & les poursuivoit sans cesse. Le nom de son palais signifie *asyle contre la terreur*: comme il étoit le premier né du dieu suprême, *l'aîné des fils*, pour parler avec l'*Edda*, la première & la principale intelligence provenue de l'union de dieu avec la matière, on en avoit fait une divinité mitoyenne, un médiateur entre dieu & les hommes. Il est

vraisemblable que plusieurs peuples l'ont aussi vénéré comme l'intelligence qui animoit le soleil & le feu. Le culte des Perses avoit à cet égard, comme à bien d'autres, la plus grande conformité avec celui des Celtes. Les premiers disoient que la plus illustre des intelligences créées étoit celle qu'on servoit sous le symbole du feu ou du soleil dans lequel elle résidoit : ils l'appeloient *Mithr-as*, ou le seigneur médiateur : (le mot d'*As* signifie encore seigneur en Persan.) Ils entretenoient aussi bien que les Scandinaves un feu perpétuel & sacré, par une suite de cette persuasion. Les Scythes, au rapport d'*Hérodote* & d'*Hesychius*, adoroient cette divinité, sous le titre de *Gœto-Syrus*, qui signifie le *bon Astre*. Ce mot de *Syr* ou de *Seir* que les Perses employoient pour désigner le soleil, semble être le même, dans un dialecte différent, que celui de *Thor*; les anciens peuples du Nord prononçoient le *Th* comme les Anglois d'aujourd'hui, c'est-à-dire, à-peu-près comme *DS*: ils avoient un caractère particulier pour cette lettre qui s'est perdue dans les autres dialectes de la langue Saxonne. Toutes les nations celtiques ont aussi connu le culte du soleil, soit qu'elles l'aient distingué de *Thor*, soit qu'elles aient adoré l'un comme le symbole de l'autre. On célébroit autrefois partout une fête au solstice d'hiver pour témoigner la joie qu'on avoit de le voir se rapprocher de cette partie du ciel. On lui sacrifioit des chevaux, emblême, dit *Hérodote*, de la rapidité de cet astre. C'étoit la plus grande solennité de l'année ; on l'appeloit en plusieurs endroits *Jole* ou *Juul*, peut être du mot de *Hiaul* ou *Houl* qui signifie encore aujourd'hui *le soleil* dans les langues de *Basse-Bretagne* & de *Cornouailles*. Quand la religion celtique céda à la chrétienne, les réjouissances, les festins, les assemblées nocturnes que cette fête autorisoit ne furent point supprimées, tout indécentes qu'elles étoient. On eut craint de tout perdre en voulant tout gagner. Il falut se contenter d'en sanctifier le but, en les appliquant à la naissance de N. S., dont l'anniversaire tomboit sur un temps peu éloigné. Dans les langues du Nord *Juul* signifie aujourd'hui la fête de Noël, & la manière dont le peuple la célèbre en divers endroits, rappelle, aussi bien que ce nom, diverses circonstances de sa première origine. J'ai déjà remarqué que dans toutes les langues du Nord le jour consacré à *Jupiter tonnant* l'étoit au dieu *Thor*, & étoit nommé *Thorsdag*, &c. c'est le jeudi.

Pagination incorrecte — date incorrecte

NF Z 43-120-12

DOUZIÈME FABLE.

Du dieu Balder, & du dieu Niord.

LE second fils d'*Odin* se nomme *Balder* : il est d'un très-bon naturel, fort loué des hommes, si beau de sa figure & d'un regard si éblouissant qu'il semble répandre des rayons : (1) & pour vous faire comprendre la beauté de ses cheveux, vous devez savoir que l'on appelle la plus blanche de toutes les herbes *le sourcil de Balder*. Ce dieu si brillant & si beau est aussi très-éloquent & très-benin ; mais telle est sa nature qu'on ne peut jamais rien changer aux jugemens qu'il a prononcés. Il demeure dans la ville de *Breidablik* dont j'ai déjà parlé. Cette demeure est dans le ciel, & rien d'impur ne peut y demeurer, comme il est dit dans ces vers : » *Balder* possède » le palais dans *Breidablik*, & je sais » qu'il y a dans ce lieu des colonnes » sur lesquelles sont gravées des runes » propres à évoquer les morts. » Le troisième dieu est celui qu'on nomme *Niord*. Il demeure dans le lieu nommé *Noatun*. Il est le maître des vents, il

appaise la mer & le feu. (2) On doit l'invoquer pour qu'il rende heureuses la navigation, la chasse & la pêche. Il est si riche qu'il peut donner à ceux qui le servent des pays & des trésors, & il mérite aussi d'être invoqué à cause de cela. *Niord* n'est pas de la race des dieux. Il a été élevé dans le pays des *Vanes*, mais les *Vanes* le donnèrent en ôtage aux dieux, & prirent en sa place *Huner*; par ce moyen la paix fut rétablie entre les dieux & les *Vanes*. *Niord* a épousé *Skada* fille du géant *Thiasse*. Elle préfère de demeurer dans les lieux qu'habite son père, c'est-à-dire, dans le pays des montagnes; mais *Niord* aime mieux demeurer près de la mer : cependant ils sont enfin convenus qu'ils passeroient neuf nuits dans les montagnes, & trois sur les bords de la mer. Un jour *Niord* revenant des montagnes composa cette chanson : « que je hais le séjour des
» lieux montueux ! Je n'y ai passé que
» neuf nuits, mais qu'elles m'ont semblé
» longues ! On n'y entend que les hurle-
» mens des loups, au lieu du doux chant
» des cygnes qui habitent les rivages. »
Skada fit ces vers pour lui répondre.
» Est-ce que je puis mieux dormir dans
» la couche du dieu de la mer, pen-

F vj

» dant que les oiseaux accourans tous les
» matins de la forêt me réveillent par
» leurs cris ? » Alors *Skada* s'en retourna
dans les montagnes où demeure son père:
là souvent prenant son arc, & chauſſant
ſes patins, elle s'occupe à la chaſſe des
bêtes féroces.

REMARQUES

Sur la douzième Fable.

(1) *Il semble répandre des rayons.*] De toutes les nations qui ont suivi la religion celtique, il n'y en a aucune qui nous en ait transmis les détails que les Islandois. Si nous ne sommes donc pas toujours en état de prouver que certains points de la doctrine de l'*Edda* ayent été reçu par les autres peuples Celtes, faudra-t-il en conclure que ces dogmes leur ayent été inconnus ? L'analogie nous autorise à juger le contraire. Les conformités qui se trouvent dans la partie qui nous est connue répondent pour celle qui ne l'est pas. Mais ce raisonnement que je crois fondé ne me dispensera pas de chercher soigneusement ces rapports dans les ruines de l'antiquité où j'en pourrai trouver des vestiges. Il y a ici matière à s'exercer. Qui est ce dieu *Balder* ? Les autres peuples de l'Europe l'ont-ils connu ? Il me paroît vraisemblable que *Balder* est le même que les Noriciens & les Gaulois adoroient sous le nom de *Belenus*. C'étoit un dieu assez célèbre chez les Celtes. Plusieurs inscriptions en font mention. On a même trouvé des monumens où il est désigné par ses attributs. Celui qui a été long-temps conservé au château de *Polignac* le représentoit avec une tête rayon-

nante, & une grande bouche ouverte, ce qui convient trait pour trait à la peinture qu'en fait ici l'*Edda* comme d'un dieu resplendissant & éloquent. On peut croire que *Belen* & *Balder* viennent de la même origine, c'est-à-dire, du mot Phrygien *Bal* ou *Ballen* qui signifie *roi*, & qu'on donnoit autrefois au soleil. *Selden* croit que les anciens Bretons l'appeloient *Belertucades*, *de Diis Syris* Synt. 2. c. 1. C'étoit l'*Apollon* des Grecs & des Romains, le soleil considéré comme un astre benin & salutaire qui chassoit les maladies, animoit les esprits, échauffoit l'imagination, cette mère féconde de la poésie & de tous les autres arts.

(2) *Il appaise la mer & le feu.*] Ce dieu a été adoré par tous les anciens Celtes sans excepter les Perses; & les peuples des environs du Pont Euxin & de la mer Caspienne. Ils plaçoient tous un génie ou un dieu dans les eaux, soit de la mer, soit des fleuves ou des fontaines. Ce dieu vouloit être adoré, servi, comblé de présens. En divers endroits des Gaules, on lui consacroit toutes les années des animaux, des étoffes précieuses, des fruits, de l'or & de l'argent. Tel étoit cet étang situé près de *Toulouse*, où l'on avoit jeté à son honneur de grandes richesses. On le croyoit prompt à s'irriter, & d'une bonté tout au moins fort équivoque, ce qui ne convenoit pas mal au maître d'un élément perfide. Aussi l'*Edda* se fait scrupule de le croire de la même famille que les dieux. Le petit peuple de divers endroits d'Allemagne & du Nord est encore persuadé de nos jours

que les hommes lui doivent un tribut annuel, & que lorsqu'un homme se noye, c'est ce dieu qui l'a emporté. On l'appelle en Allemagne *der Nix*, & autrefois dans le Nord *Nocken*; on n'avoit pas d'autre phrase pour désigner la mort d'un homme qui périssoit dans les eaux que de dire, *Nocken* l'a pris; & c'est de-là sans doute que vient le mot François *noyer*. Les Gaulois appeloient cette divinité *Neith*; on croyoit qu'elle résidoit dans la mer & dans les étangs: il y avoit près de Genève dans le lac qui porte le nom de cette ville un rocher qui lui étoit consacré, & qui porte encore le nom de *Neiton*; ce nom se rapproche extrêmement de celui de *Noatun* qui suivant l'*Edda* est le séjour du dieu des eaux. Les Romains avoient retenu & le culte & le nom de ce Dieu servi par les anciens peuples Celtes d'Italie. C'étoit leur *Neptune*. En général toutes les nations de l'Europe ont eu beaucoup de vénération pour cette divinité, & rien n'a été plus difficile que de les détourner du culte qu'elles lui rendoient; c'est le sujet des défenses d'un grand nombre de conciles. Au sein même du christianisme le peuple a continué long-temps à se rendre en foule auprès de certaines fontaines, pour adorer le génie bienfaisant qui par un pouvoir incompréhensible faisoit couler ses eaux avec une abondance toujours égale: on les couvroit de fleurs & de présens: on y faisoit des libations.

O fons Blandusiæ splendidior vitro,
Dulci digne mero; non sine floribus
Cras donaberis hædo........

TREIZIÈME FABLE.

Du dieu Frey, & de Freya.

Niord eut ensuite dans sa demeure de *Noatun* deux enfans nommés *Frey* & *Freya*, tous les deux beaux & puissans. *Frey* est le plus doux de tous les dieux, il gouverne la pluie & le soleil, & tout ce qui naît de la terre. Il faut l'invoquer pour obtenir une saison favorable, l'abondance & la paix; car c'est lui qui dispense la paix & les richesses. *Freya* est la plus favorable des déesses; le lieu où elle habite dans le ciel se nomme *l'union des peuples*. Elle va à cheval partout où il y a des combats, & s'attribue la moitié des morts; l'autre moitié est à *Odin*. Son palais est grand & magnifique, elle en sort assise sur un char traîné par deux chats. Elle exauce très-favorablement les vœux de ceux qui lui demandent son assistance. C'est d'elle que les dames ont reçu le nom qu'on leur donne dans notre langue. Elle aime beaucoup les poésies galantes, & il est bon de l'adorer pour être heureux en amour. *Gangler* dit là-dessus : tous ces dieux me paroissent avoir bien de la puissance, & il n'est pas étonnant que vous ayez la vertu d'opérer tant de belles choses, (1) puisque vous savez quelles sont les qualités & les fonctions de chaque dieu, & ce qu'il faut lui demander pour réussir; mais y en a-t-il encore d'autres que ceux que vous avez nommés?

REMARQUES

SUR LA TREIZIÈME FABLE.

Frey est quelque intelligence ou divinité subalterne qui résidoit dans les airs. *Freya* qui a été souvent confondue avec *Frigga* est la déesse de l'amour, la *Vénus* des Scandinaves. Les dames se nomment en Danois *Fruer*, & en ancien gothique le mot de *Freya* paroît avoir signifié la même chose. Ce mot a une analogie remarquable avec ceux de *frayer* en françois, de *friand* qui ne signifioit autrefois que *désireux*, de *frija* qui signifie en suédois *être amoureux, rechercher en mariage*, de *friar*, un *galant*. Le nom d'*Aphroditis* donné à *Vénus* par des peuples de Grèce n'auroit-il pas aussi quelque rapport avec ceci ? La galanterie étant une des principales vertus de tout vaillant chevalier, il étoit juste que la déesse de l'amour fût chargée de récompenser au moins une partie de ceux qui mouroient les armes à la main.

(1) *Il n'est pas étonnant*, &c.] Les peuples établis dans la Scandinavie avant l'arrivée d'*Odin* étoient des gens fort simples, & qu'on étonnoit aisément. Ce conquérant les soumit autant par des dehors imposans que par la force des armes. Surpris de ses succès que leur ignorance avoit faits & ne pouvoit comprendre, ils avoient envoyé chez *Odin*

même pour tâcher d'en découvrir la cause. On a vû que c'étoit le but de *Gangler*, ou du roi qui en avoit pris le nom. Il apprend ici tant de circonstances nouvelles des fonctions des divers dieux, & du culte qu'on doit leur rendre pour s'attirer leur faveur, qu'il croit avoir découvert le myſtère, & s'être mis en état de balancer le crédit de ſon rival.

QUATORZIÈME FABLE.

Du dieu Tyr, & du dieu Brage.

Har répondit : il y a le dieu *Tyr* qui est le plus hardi & le plus intrépide des dieux : il dispense les victoires à la guerre ; c'est pourquoi les guerriers font bien de s'adresser à lui. Il est passé en proverbe de dire *brave comme Tyr*, pour désigner un homme qui surpasse les autres en valeur. Voici une preuve de son intrépidité. Les dieux voulurent un jour persuader au loup *Fenris* leur ennemi de se laisser attacher ; mais celui-ci craignoit que les dieux ne voulussent plus le délier ensuite, & il refusa constamment de se laisser enchaîner, jusqu'à ce que *Tyr* eût mis sa main en gage dans la gueule de ce monstre. Les dieux n'ayant pas jugé à propos de retirer ce gage, le loup emporta la main du dieu, la coupant dans l'endroit qu'on nomme à cause de cela *l'articulation du loup*. Depuis ce temps-là le dieu n'a plus qu'une main : sa grande prudence a donné lieu à cette façon de parler : *il est prudent comme Tyr* ; mais on ne croit pas qu'il aime à voir les hommes vivre en paix. Il y a un autre dieu nommé *Brage* qui est célèbre par sa sagesse, par son éloquence, & son air majestueux. Non-seulement il est très-habile dans la poésie, mais c'est de lui que cet art est appelé *Brager*, & que les poëtes distingués ont reçu leurs noms. Sa femme s'appelle *Iduna*; elle garde dans une boëte des pommes dont les dieux goûtent quand ils se sentent vieillir, parce qu'elles ont le pouvoir de les rajeunir. C'est par ce moyen qu'ils subsisteront jusqu'aux ténèbres des derniers temps. Là-dessus *Gangler* s'écria : certainement les dieux ont confié un grand trésor à la garde & à la bonne foi d'*Iduna*. *Har* souriant lui dit : aussi arriva-t-il qu'ils coururent une fois le plus grand risque du monde, comme je pourrai vous le raconter, quand vous aurez appris les noms des autres dieux.

REMARQUES

Sur la Quatorzième Fable.

Tyr étoit quelque divinité inférieure qui présidoit particulièrement aux combats. Je ne crois pas qu'il en soit fait mention autre part que dans l'*Edda* & les autres monumens Islandois. Cependant il est certain que ce dieu a été adoré par toutes les nations du Nord, puisque dans tous les dialectes de ses divers peuples le nom du jour de *Mars* ou de *Mardi* a été formé du nom de *Tyr*. Ce jour se nomme *Tirsdag* en Danois & en Suédois, & dans d'autres dialectes par un léger adoucissement *Thisdag*, *Distag*, *Tusdag*. *Tacite* est encore ici comme partout dans un parfait accord avec nos monumens. Il rend le nom de *Tyr* par celui du dieu *Mars*, & en fait une divinité subalterne & inférieure au dieu *Odin* qu'il a désigné par le nom de *Mercure*. A l'égard du dieu *Brage*, on ne le connoît guères, quoiqu'on sache que les Gaulois avoient aussi un dieu de l'éloquence, nommé par les Romains *Hercule Ogmius*. Les pommes d'*Iduna* sont d'une invention assez agréable : on y retrouve le système favori des Celtes sur le dépérissement insensible & continuel de la nature & des dieux qui lui étoient unis ou en dépendoient.

QUINZIÈME FABLE.

De Heimdall, & de quelques autres dieux.

Un autre dieu très-saint & très-puissant est celui qu'on nomme *Heimdall* : il est fils de neuf vierges qui sont sœurs ; on l'appelle aussi le dieu *aux dents d'or*, parce qu'il a les dents de ce métal ; il demeure au bout du pont du ciel dans le chateau nommé le *fort céleste*. C'est le gardien ou le portier des dieux. Il lui est ordonné de se tenir à l'entrée du ciel pour empêcher les géans de forcer le passage du pont. Il dort moins qu'un oiseau, & voit la nuit comme le jour à cent lieues autour de lui : il entend l'herbe croître sur la terre, la laine sur les brebis, & tout ce qui fait le moins de bruit. Il a outre cela une trompette qui se fait entendre par tous les mondes. Voici des vers qu'on a fait sur ce dieu : « *Le fort céleste* est le château où demeure *Heimdall*, ce garde sacré du ciel qui boit le divin hydromel dans les tranquilles palais des dieux, &c.

On compte aussi parmi les dieux *Hoder* qui est aveugle, mais extrêmement fort ;

les dieux & les hommes voudroient bien qu'on n'eût jamais besoin de prononcer son nom, mais les dieux & les hommes conserveront un long souvenir des exploits qu'ont fait ses mains. Le neuvième dieu est le taciturne *Vidar* qui porte des souliers fort épais, & si merveilleux qu'il peut avec leur secours marcher dans les airs & sur les eaux ; il est presque aussi fort que le dieu *Thor* lui-même, & il est d'une grande consolation pour les dieux dans les conjonctures critiques. Le dixième dieu *Vile* ou *Vali*, est l'un des fils d'*Odin* & de *Rinda* ; il est audacieux à la guerre & très-habile archer. Le onzième est *Uller* fils de *Sifia*, gendre de *Thor* ; il tire des flèches avec tant de promptitude & court si bien en patins que personne ne peut combattre avec lui. Il est d'ailleurs d'une belle figure, & possède toutes les qualités d'un héros, c'est pourquoi il est bon de l'invoquer dans les duels. *Forsete* est le nom du douzième dieu ; il est fils de *Balder* : il possède dans le ciel un palais qu'on nomme *Glitner*. Tous ceux qui le prennent pour juge dans leurs procès s'en retournent réconciliés. C'est le meilleur tribunal qu'il y ait parmi les dieux &
les

les hommes, comme il est dit dans ces vers : « *Glitner* est le nom d'un » palais soutenu par des colonnes d'or, » & couvert d'argent ; c'est là que se » tient la plupart du temps *Forsete* qui » assoupit toutes les querelles ».

REMARQUES

Sur la quinzième Fable.

Je n'ai aucune remarque à propofer fur cette fable que tout lecteur ne puiffe faire auffi-bien que moi. La plupart des divinités dont il y eft fait mention ne nous font connues que par l'*Edda*. Peut-être que quelques-unes ont été ignorées des autres nations Celtiques, & ne doivent être regardées que comme des compagnons du vainqueur du Nord déifiés dans les âges fuivans.

SEIZIÈME FABLE.

De Loke.

QUELQUES-UNS mettent *Loke* au nombre des dieux : d'autres l'appellent *le calomniateur des dieux, l'artisan des tromperies, & l'opprobre des dieux & des hommes.* Il est le fils du géant *Farbaute* & de *Laufeya*, & frère de *Helblinde* (*l'aveugle mort.*) *Loke* est beau & bien fait de son corps, mais il a l'esprit mauvais, léger & inconstant ; il surpasse tous les hommes dans cette science qu'on nomme ruse & perfidie. Il a souvent exposé les dieux aux plus grands périls, (r) & les en a souvent tirés par ses artifices. Sa femme se nomme *Signie* ; il a eu d'elle *Nare* & quelques autres fils. Il a eu de plus trois enfans de la géante *Angerbode* (*messagère de malheur :*) l'un est le loup *Fenris*, le second est le *grand serpent de Midgard*, & le troisième est *Hela* (*la mort*). Les dieux n'ignoroient pas qu'on élevoit ces enfans dans le pays des géans ; ils avoient appris par plusieurs oracles tous les maux qu'ils en devoient recevoir ; leur origine maternelle étoit un mauvais augure, & la paternelle plus encore. Le père universel dépêcha donc des dieux pour lui amener ces enfans. Quand ils furent venus, il jeta le serpent dans le fond de la grande mer; mais ce monstre s'y accrut si fort qu'il ceignit dans le fond des eaux le globe entier de la terre, & qu'il peut encore se mordre lui-même l'extrémité de la queue. *Hela* fut précipitée dans les enfers, où on lui donna le gouvernement de neuf mondes, afin qu'elle y distribuât des logemens à ceux qui lui sont envoyés, c'est-à-dire, à tous ceux qui meurent de maladie ou de vieillesse. (2) Elle possède dans ce lieu de vastes appartemens fort bien construits, & défendus par de grandes grilles. Sa salle est *la douleur*, sa table *la famine*, son couteau *la faim*, son valet *le retard*, sa servante *la lenteur*, sa porte *le précipice*, son vestibule *la langueur*, son lit *la maigreur & la maladie*, sa tente *la malédiction*. La moitié de son corps est bleue, l'autre moitié est revêtue de la peau & de la couleur humaine. Elle a un regard effrayant, ce qui fait qu'on peut aisément la reconnoître.

REMARQUES

Sur la seizième Fable.

(1) *Il a exposé les dieux aux plus grands périls.*] Je dirois que *Loke* est le *Momus* des dieux du Nord, si les tours qu'il leur joue ne passoient le plus souvent la raillerie. D'ailleurs ces monstres qu'il a engendrés, & qui doivent aussi-bien que leur père livrer de rudes combats aux dieux dans les derniers temps, indiquent manifestement un dogme peu différent de celui du mauvais principe. Quoiqu'en aient pu dire quelques savans, cette opinion n'a point été inconnue aux Perses ni aux Celtes; peut-être que l'on doit seulement accorder qu'elle n'appartient pas à leur plus ancienne religion. Cet état de crise & de travail dans lequel ils croyoient la nature, & ces assauts qu'elle devoit soutenir au dernier jour, les acheminoient insensiblement à imaginer une puissance qui fut l'ennemie des dieux & des hommes, & l'artisan de tous les maux qui désolent cet univers. C'étoit la fonction d'*Arimane* chez les Perses; c'est celle de *Loke* chez nos Scandinaves. *Loke* produit *le grand serpent* qui embrasse le monde entier dans les replis de son corps, & dont certains traits de la même mythologie semblent montrer qu'on a voulu faire l'emblême de la corruption ou du péché. Il donne naissance à *Hela*

ou la *Mort*, cette reine des enfers, dont l'*Edda* nous fait ici un portrait si singulier, & au loup *Fenris* ce monstre qui doit combattre les dieux, & détruire le monde. Le mauvais principe peut-il être mieux caractérisé ?

Depuis que cette note a été faite plusieurs poëmes qui faisoient partie *de l'ancienne Edda* attribuée à *Sæmund*, & qui restoient ignorés dans la poussière de quelques bibliothéques ont été retrouvés, & publiés par des savans Danois, & en particulier par MM. *Thorkelin* & *Sandvig*. Dans ce nombre est un poëme fort singulier, intitulé *Loka-Senna*, espèce de satyre que *Loke* est supposé avoir composée & récitée contre les dieux à l'occasion d'un festin, dont ceux-ci las de ses méchancetés avoient voulu l'exclure. Les injures qu'il leur dit dans cette satyre sont des plus graves, & s'il faut en croire *Loke*, les dieux des Scandinaves n'auront pas mieux valu que ceux des Grecs & des Romains. On pourroit même en conclure que les mœurs de leurs adorateurs n'étoient pas non plus bien excellentes, car des peuples sages n'imaginent guères que leurs dieux sont corrompus, & si l'exemple des dieux a servi quelquefois de prétexte aux crimes des hommes, c'est que ces hommes-là avoient déjà fait leurs dieux à leur image.

Au reste, puisque nous avons déjà observé tant de conformités singulières entre les opinions religieuses des anciens Perses & celles des Celtes, pourquoi n'y en auroit-il pas aussi sur ce point ? Pourquoi les Celtes n'auroient-ils pas eu leur *Arimane* comme les Perses, & n'auroient-ils pas personnifié comme eux le mauvais principe ?

Voici quelques traits de ce poëme de *Loke* qui est en forme de dialogue.

LOKE.

" J'apporte aux fils des dieux le repro-
„ che & l'opprobre. Je veux mêler l'amertume
„ à leur hydromel... Pourquoi, dieux orgueil-
„ leux, gardez-vous le silence ? Pourquoi ne
„ me marquez-vous pas une place où je puisse
„ m'asseoir ?...

ODIN.

„ Jamais les dieux ne te donneront une
„ place parmi eux. Ils connoissent ceux qui
„ doivent assister à leurs festins, & prendre
„ part à leur joie.

BRAGE. (*Le dieu de la poésie.*)

„ Je te donnerai, o Loke, un cheval, &
„ une épée, & des bagues si tu veux ne pas
„ insulter les dieux & les irriter contre toi.

Iduna femme de ce dieu ayant voulu prendre la défense de son mari est fort maltraitée par Loke. " Taisez-vous, lui dit-il, vous qui
„ vous prêtez aux désirs des hommes plus
„ qu'aucune femme, & qui serrez dans vos
„ beaux bras le meurtrier de votre frère. Et
„ à *Gefione* quoique la déesse de la virginité.
„ Prends garde *Gefione*; car je raconterai
„ que ton cœur est épris d'un beau jeune
„ homme qui t'a fait présent d'un voile &
„ qu'on t'a surprise avec lui....

ODIN.

„ Insensé, comment peux-tu irriter contre
„ toi *Gefione*, elle qui connoît les destins à
„ venir aussi clairement que moi-même?

LOKE.

„ Tais-toi *Odin*, tu n'aurois dû jamais être
„ chargé de décider du sort des combats entre
„ les guerriers, car souvent tu dispenses mal la
„ victoire & tu la donnes à ceux qui sont
„ les moins courageux....

FRIGGA.

„ Ne révélez pas ainsi vos destinées devant
„ les hommes. O dieux! cachez leur toujours
„ ce que vous avez fait dans la naissance des
„ temps „.

LOKE.

(Ici la réponse est un reproche sanglant
à la déesse sur ses impudicités. Il en use de
même avec *Freya*, qu'il ménage encore moins
sur cet article comme étant la déesse de l'amour.
Mais les expressions de *Loke* ne sont pas de
nature à pouvoir être traduites en françois.
Les autres dieux passent également en revue,
& il y a des injures pour chacun. Enfin *Thor*
arrive de l'Orient où il étoit allé combattre
des géans. "Tais toi, crie-t-il à *Loke*, calom-
„ niateur des dieux, ou ma massue de fer
„ arrêtera ta langue, & je mettrai fin à ta
„ vie en abattant d'un coup la montagne
„ qui est sur tes épaules... Je jetterai ton
„ corps contre l'Orient, & personne ne t'ap-
„ percevra plus.

LOKE.

« Fils de la terre, tu es donc arrivé ici &
» tu me défies, mais quand au dernier jour
» le loup *Fenris* viendra te combattre, &
» engloutir le père de la victoire, tu ne mena-
» ceras pas ainsi... Pour moi je compte vivre
» encore long-temps quoique tu me menaces
» de ta massue ».

Cependant ces menaces effrayent enfin l'ennemi des dieux, il cherche à s'échapper sous la forme d'un saumon, mais les dieux le saisissent, l'enchaînent, & il restera comme on le verra dans la suite de l'*Edda* dans une cruelle captivité jusques au dernier jour.

Il paroît vraisemblable que l'auteur de ce poëme a voulu broder sur un fonds déjà connu, c'est-à-dire, sur la doctrine du mauvais principe, divers ornemens que son imagination licentieuse lui suggéroit, & qu'il y a peut-être ajouté des allusions à divers traits de la vie d'*Odin* & de ses compagnons qui vinrent s'établir dans le Nord & y apportèrent un nouveau culte. Il est très-difficile de dire rien de plus sur une matière si obscure. J'avoue cependant que je penche beaucoup à croire que c'est dans des allégories & des traditions religieuses qui ont eu cours dans l'Orient depuis les temps les plus anciens qu'il faut chercher l'origine de toutes ces fables. Mais j'aurai occasion de revenir à ce sujet.

(2) *A tous ceux qui meurent de vieillesse*, &c.] *Cimbri & Celtiberi in acie exsultabant tanquam gloriosè & feliciter vitâ excessuri.*

G. v.

Lamentabantur in morbo quasi turpiter & miserabiliter perituri. Valer. Maxim. c. 6. Les Cimbres & les Celtibères sautoient de joie en marchant au combat, comme devant sortir de ce monde d'une manière également heureuse & honorable : ils se lamentoient au contraire dans les maladies de se voir menacés d'une fin honteuse & misérable. Voilà qui prouve bien que ce dogme de l'*Edda* a été celui de tous les Celtes : telle étoit aussi l'impression qu'il produisoit sur leurs esprits. Je pourrois accumuler des autorités des anciens qui viendroient encore à l'appui ; mais je renvoye là-dessus à l'introduction à l'histoire de Dannemarc. Remarquons cependant que cet enfer dont il est ici question, où l'on réserve des peines plus fâcheuses que cruelles à ceux qui ne sont pas morts les armes à la main, n'est pas un enfer éternel, mais seulement une hôtellerie, ou si l'on veut, une prison dont les habitans sortiront au dernier jour pour être jugés sur d'autres principes, & condamnés ou absous pour des vertus ou des vices plus réels. A cet enfer d'attente étoit opposé un élysée aussi peu durable. C'est le *Valhalla* dont il sera bientôt question. On voit avec surprise, en lisant attentivement cette mythologie, que tout y est beaucoup mieux lié & plus conséquent que ce que nous connoissons dans le même genre. Les dieux inférieurs créés avec ce monde, unis à lui par leur nature & la conformité de leur destinée, avoient tout à craindre pour les derniers temps de la part des ennemis de la nature. Dans la vue de se mettre en état de leur résister, ils appelloient à eux tous les guerriers qui avoient fait preuve de valeur, en répandant leur sang dans les combats. Reçus dans le séjour des dieux on les exerçoit encore aux opérations de la guerre pour les tenir toujours en haleine dans l'attente du grand combat. Leurs plaisirs, leurs occupations, tout étoit dirigé vers ce but: à l'égard des hommes lâches ou pacifiques, qu'en eussent fait des dieux menacés d'une attaque aussi imprévue que dangereuse? On les donnoit à garder à la *Mort*, qui punissoit leur foiblesse par des langueurs & des maladies. Tout cela ne tiroit point à conséquence pour l'enfer & le paradis éternels qu'on verra crayonnés dans l'*Edda* avec bien plus de force & de dignité. Là on ne tiendra compte que de la bonne foi, de la justice, de l'intégrité, de la chasteté.

DIX-SEPTIÈME FABLE.

Du loup Fenris.

A L'égard du loup *Fenris*, les dieux le nourrirent chez eux, & il n'y avoit que *Tyr* qui osât lui donner à manger. Cependant comme ils apperçurent qu'il croissoit prodigieusement chaque jour, & que les oracles les avertissoient qu'un jour il leur seroit funeste, ils prirent le parti de lui faire des fers extrêmement solides, & les présentant au loup, ils lui proposèrent de se les mettre pour essayer ses forces, en tachant de les rompre. Le loup ayant bien vu que cela ne lui seroit pas difficile, laissa faire aux dieux ce qu'ils voulurent, & tendant ensuite les nerfs avec violence, il brisa les liens & se délivra. Les dieux voyant cela firent de nouveaux fers de moitié plus forts qu'ils engagèrent le loup à essayer, lui disant, que s'il les rompoit il donneroit une grande idée de sa vigueur. Le loup soupçonnoit bien que ces seconds liens ne seroient pas aisés à rompre, mais pensant que sa force s'étoit augmentée, & qu'on ne peut devenir célâbre sans courir quelque risque, il se laissa volontairement enchaîner. Aussitôt que cela fut fait, le loup se secoue, se roule, heurte de ses fers contre terre, tend ses membres avec violence, & brise enfin ses fers dont il fait sauter les pièces bien loin autour de lui: par ce moyen il fut délivré de ses fers, d'où vient le proverbe qu'on employe lorsqu'on fait de grands efforts. Les dieux désespéroient après cela de pouvoir jamais lier ce loup: c'est pourquoi le père universel envoya *Skyrner* le messager du dieu *Frey* dans le pays des génies noirs vers un nain pour qu'il fît un nouveau lien. Ce lien étoit uni & souple comme un simple cordon, & cependant très-fort comme vous allez voir. Lorsqu'on l'apporta aux dieux, ils remercièrent bien ceux qui en avoient été les porteurs, & emmenant le loup avec eux dans l'isle d'un certain lac, ils lui montrèrent ce cordon, le priant d'essayer de le rompre, & l'assurant qu'il étoit un peu plus fort qu'on ne le croiroit en le voyant si mince. Ils le prenoient euxmêmes tour à tour dans leurs mains, essayant inutilement de le rompre, & lui disoient qu'il n'y avoit que lui qui pût en venir à bout. Le loup leur répondit:

ce cordon que vous me présentez est si mince qu'il n'y aura point de gloire à le rompre, ou s'il y a quelque artifice dans la manière dont il est fait, quoiqu'il paroisse fragile, je vous assure qu'il ne touchera jamais mes pieds. Les dieux l'assurèrent qu'il romproit aisément un lien si léger, puisqu'il avoit déjà brisé les fers les plus solides ; ajoutant que s'il ne pouvoit y réussir, comme alors il auroit montré qu'il n'étoit plus à craindre pour eux, ils ne se feroient aucune peine de le délivrer aussitôt. Je crains bien, repliqua le monstre, que si vous m'attachez une fois, & que je ne puisse me délivrer moi-même, vous ne me lâchiez bien tard : c'est pourquoi je ne me laisse pas lier volontiers, mais seulement pour vous montrer que je ne suis pas un poltron : cependant il faut qu'un de vous mette sa main dans ma gueule pour m'être un gage que vous ne me trompez pas. Alors les dieux se regardant les uns les autres se trouvèrent dans une alternative très embarrassante, jusqu'à ce que *Tyr* se présenta pour lui confier sa main droite. Les dieux ayant alors lié le loup, il s'étendit fortement, comme il avoit déjà fait, & tâcha de toutes ses forces de se dégager ; mais plus il faisoit d'efforts, plus le lien se serroit étroitement, & tous les dieux excepté *Tyr*, faisoient à cette vue de grands éclats de rire. Le voyant donc pour jamais arrêté, ils prirent un bout de son lien, & le firent passer par le milieu d'un grand rocher plat qu'ils enfoncèrent bien avant dans la terre : ensuite pour s'en assurer encore mieux ils attachèrent le bout qui passoit à une grosse pierre qu'ils jetèrent encore plus bas. Le loup ouvrant sa gueule énorme s'efforçoit de les mordre, & se rouloit avec violence, ce que les dieux voyant, ils lui lancèrent dans la gueule une épée qui lui perçant la machoire inférieure, s'enfonça jusqu'à la garde, ensorte que la pointe atteignoit jusqu'au palais. Les hurlemens qu'il poussa alors furent horribles, & depuis ce temps-là l'écume sort sans cesse de sa bouche avec tant d'abondance qu'elle forme un fleuve qu'on nomme *Vam*, (*les vices*). Mais ce monstre rompra ses chaînes au crépuscule des dieux, c'est-à-dire, à la fin du monde (1). Telle est la race scélérate que *Loke* a engendrée. Là-dessus *Gangler* dit à *Har*: mais puisque les dieux ont tant à craindre de la part de ce loup, & de tous les monstres qu'il a produits, pourquoi ne les ont-ils pas mis à mort ? *Har* lui repliqua : les dieux ont tant de respect pour la sainteté de leurs tribunaux & de leurs villes de paix (2), qu'ils n'ont pas voulu les souiller du sang de ce loup, quoique les prophéties leur ayent appris qu'il seroit un jour funeste à *Odin*..

REMARQUES

SUR LA DIX-SEPTIÈME FABLE.

(1) *A la fin du monde.*] On ne sauroit douter que ce loup ne soit l'emblême du temps qui détruit tout, ou de quelque puissance ennemie de la nature. Ce *fleuve de vices* formé de son écume est un de ces traits qui indiquent manifestement une allégorie. Je montrerai dans un autre endroit que celle qu'on vient de lire, aussi-bien que toutes celles du même genre qui se trouvent dans l'*Edda*, n'ont été que des manières figurées & poétiques de proposer ce dogme de la philosophie des Celtes, des Stoïciens, & de quelques Orientaux, qui établissoit que le monde & les dieux inférieurs devoient succomber un jour à leurs ennemis, & renaître ensuite pour remplir de nouvelles destinées.

(2) Toutes les nations celtiques avoient des sanctuaires qu'elles respectoient infiniment, parce qu'elles étoient persuadées que la divinité y étoit présente. Il y en avoit qui jouissoient du droit d'asyle, & quand un criminel avoit pu s'y réfugier, on lui ôtoit ses chaînes & ses fers qui étoient pendus & consacrés au dieu qui lui procuroit sa liberté. Il étoit défendu d'y remuer la terre, d'en abattre les arbres, si c'étoit une forêt, de toucher aux effets précieux qui y étoient souvent déposés.

Les druides demeuroient dans ces lieux consacrés. Les dieux devoient donc aussi avoir leurs sanctuaires, & ces sanctuaires devoient être à plus forte raison des lieux purs & respectés, & des asyles inviolables. Le sang n'eût pu y être versé sans sacrilège.

Multa renascentur, quæ jam cecidere; cadentque
Quæ nunc sunt in honore.

DIX-HUITIÈME FABLE.

Des Déesses.

GANGLER demande : qui sont les déesses ? La principale, répond *Har*, est *Frigga* (1), qui possède un palais magnifique nommé *demeure divine*. La seconde se nomme *Saga*. *Eyra* fait la fonction de médecin des dieux (2). *Gefione* est vierge, & prend à son service toutes les filles chastes après leur mort. *Fylla* qui est aussi vierge porte ses beaux cheveux flottans sur ses épaules ; sa tête est ornée d'un ruban d'or ; c'est à elle qu'est confiée la toilette & la chaussure de *Frigga*. Elle est de plus la confidente de ses secrets les plus cachés. *Freya* est la plus illustre des déesses après *Frigga* ; elle a épousé *Oder* dont elle a eu *Noffa* fille si belle qu'on appelle de son nom tout ce qui est beau & précieux. *Oder* l'a quittée pour voyager dans des contrées extrêmement éloignées. *Freya* depuis ce temps-là ne cesse de pleurer, & ses larmes sont de pur or : on lui donne plusieurs noms, parce qu'ayant été chercher son mari dans plusieurs pays, chaque peuple lui a donné un nom différent : elle porte ordinairement une chaîne d'or. La septième déesse est *Siôna* : elle s'applique à tourner le cœur & les pensées vers l'amour, & met bien ensemble les garçons & les filles ; c'est pourquoi les amans portent son nom. *Lôvna* est si favorable, si bonne, & répond si bien aux vœux des hommes, que par un pouvoir particulier que lui ont donné *Odin* & *Frigga*, elle peut réconcilier les amans les plus désunis. *Vara* la neuvième déesse préside aux sermens que font les hommes, & surtout aux promesses des amans ; elle est attentive à tous les mystères de ce genre, & punit ceux qui ne gardent pas la foi donnée. *Vora* est prudente, habile & si curieuse que rien ne peut lui demeurer caché. *Synia* est la portière du palais, elle ferme la porte à ceux qui ne doivent pas entrer ; elle est aussi préposée sur les procès où il s'agit de nier quelque chose par serment, d'où vient le proverbe : *Synia est près de celui qui va nier.* La douzième se nomme *Lyna* ; elle a la garde de ceux que *Frigga* veut délivrer de quelque péril. *Snotra* est une déesse sage & savante ; les hommes & les femmes vertueux & prudens portent son nom. *Gna* est la messagère que *Frigga* dépêche dans les divers mondes pour faire ses commissions ; elle a un cheval qui court dans les airs (3) & sur les eaux. On compte aussi *Sol* & *Bil* au nombre des déesses, mais on vous a déjà expliqué leur nature. Outre cela il y a plusieurs vierges qui servent dans le *Valhalla*, versent à boire de la bière aux héros, & ont soin des coupes & de tout ce qui regarde la table. C'est à quoi se rapporte ce qui est dit dans le poëme de *Grimnis* : « je veux que *Rista* & *Mista* » me servent des cornes pour boire : ce » sont elles qui doivent donner des coupes aux héros. » On nomme ces déesses *Valkyries* ; *Odin* les envoye dans les combats pour choisir ceux qui doivent être tués, & pour dispenser la victoire. *Gadur*, *Rosta* & la plus jeune des fées qui président au temps, *Skulda* (*l'avenir*,) vont tous les jours à cheval choisir les morts, & régler le carnage qui doit se faire. *Jorda* ou la terre mère de *Thor*, & *Rinda* mère de *Vale* doivent être aussi rangées parmi les déesses.

REMARQUES

Sur la dix-huitième Fable.

(1) *La principale est Frigga.*] J'ai déjà remarqué que *Frigga* étoit la terre, l'épouse d'*Odin*, la mère des divinités inférieures; & que *Thor* étoit son premier-né. Elle faisoit avec ces deux autres dieux le trio sacré, qu'on servoit avec tant de respect dans le fameux temple d'*Upsal*. *Frigga* ou *Frea* y étoit représentée couchée sur des coussins, entre *Odin* & *Thor*, avec des attributs qui faisoient reconnoître la déesse de l'abondance, de la fécondité, & de la volupté. Le vendredi est dans les langues du Nord, le jour de *Frea*. Parce qu'elle étoit la mère du genre humain, les hommes se regardoient comme des frères, & vivoient dans une étroite union pendant le peu de temps que duroient les fêtes qui lui étoient consacrées. *Non bella ineunt*, disoit *Tacite* de ce temps-là, *non arma sumunt, clausum omne ferrum, pax & quies tunc tantum amata*. On se dédommageoit bien ensuite de ce repos forcé, & le dieu de la guerre n'en étoit que mieux servi le reste de l'année. Je n'ai rien à remarquer au sujet des autres déesses qui ne nous sont connues que par l'*Edda*, & qui paroissent écloses pour la plupart du cerveau des poëtes du Nord.

(2) *Eyra est le médecin des dieux.*] *Tacite*

nous apprend que les médecins n'avoient pas d'autres médecins que leurs femmes. Elles suivoient les armées pour panser & sucer les plaies de leurs maris. Toutes les histoires & les romans du Nord nous représentent aussi toujours des femmes, & souvent des princesses chargées de ce soin. Dans l'enfance de presque tous les peuples on observe la même chose. Mais aucune nation n'a eu plus de confiance au savoir des femmes en médecine que nos pères les Celtes. Persuadés, comme dit *Tacite, qu'il y avoit quelque chose de divin dans ce sexe*, ils se soumettoient à ses décisions dans leurs maladies avec toute la confiance que méritoient des lumières surnaturelles. En effet la médecine de ces temps-là n'étoit presque que la magie appliquée aux traitemens des maladies. Les maux & les remèdes n'étoient le plus souvent que des sorts, des possessions, des conjurations, & des enchantemens ; & l'histoire Danoise de Saxon en fournit des exemples fréquens. Toutes les maladies se traitoient par des moyens surnaturels ; les médecins étoient des druides, des enchanteurs, & surtout des sorciers. " Les Gaulois, dit *Pline*, ont été
,, entêtés de cette science jusqu'à nos jours.
,, Ils en sont revenus aujourd'hui parce que
,, *Tibère* a fait exterminer leurs druides, &
,, en général toute cette sorte de devins & de
,, médecins. ,, C'étoit-là sans doute une terrible manière de réformer la médecine. Elle n'opéra pas cependant tout l'effet que *Pline* imaginoit. On continua partout à traiter les

maladies par des enchantemens, & le peuple dans bien des pays est resté persuadé jusques à nos jours que sans sorcellerie il n'y a point de médecine. Les bergers dans les montagnes éloignées du commerce des villes sont encore en possession de disposer souverainement des maladies, & surtout de celles du bétail.

Ce même *Pline* nous dit ailleurs. (*Hist. nat. L 7.*) qu'il y avoit dans la Scythie des femmes dont le seul regard faisoit mourir un homme. Mais cela ne doit pas surprendre, parce qu'elles avoient deux prunelles dans le même œil. Comment *Tibère* les laissa-t-il subsister?

(3) *Elle a un cheval qui court dans les airs.*] Les voyages des déesses & des fées au travers des airs sont très-ordinaires dans les poésies, & dans les fables des anciens peuples du Nord, la plupart des nations de l'Europe les ont admis avec eux. Quand la religion chrétienne fut ensuite devenue dominante, on regarda comme l'effet d'un art diabolique ce que l'on recherchoit auparavant comme un don précieux, & une marque singulière de la faveur des dieux. Les ecclésiastiques assemblés firent des défenses très-sévères, & lancèrent des anathêmes contre ceux qui voyageroient dans les airs pendant la nuit. Dans l'ancienne loi de Norvège nommée *Gulatinghs Lagen. c. 1.* on trouve ce réglement: que le roi & l'évêque recherchent avec tout le soin possible ceux qui exercent des superstitions payennes, qui se servent d'arts magiques, qui adorent les génies des lieux, des

tombeaux

tombeaux ou des fleuves, & qui par une diabolique manière de voyager font portés au travers des airs, &c. Un concile de *Rouen* cité dans *Burchard* renferme une défense semblable. Conc. Rothom. L. I. c. 94. §. 44. d'où l'on peut inférer que ces voyages étoient fréquens en Normandie, & que les Norvégiens en s'établissant dans cette province n'avoient pu encore se résoudre à y renoncer, quoiqu'ils eussent embrassé la foi chrétienne. Cela semble confirmé par d'autres faits. Par exemple dans une ancienne loi ecclésiastique de Norvège citée par M. *de Suhm*, il est défendu d'avoir dans sa maison de ces bâtons sur lesquels on voyageoit dans les airs, ce qui peut faire croire qu'ils avoient quelque chose de particulier, & que tout bâton n'étoit pas également propre aux voyages aërostatiques de ces temps-là. (V. om. *Odin*, &c. p. 376.) Dans quelques endroits le peuple se persuade encore de nos jours que les forcières se rendent au sabbat à cheval & par le milieu des airs. Il y a peu de superstitions populaires qui ne remontent jusques à quelqu'opinion consacrée par la religion celtique : il ne faut pas même toujours excepter celles qui semblent tenir par certains endroits à des dogmes ou à des faits que la religion chrétienne peut seule nous avoir appris. Des noms substitués à d'autres, ne peuvent faire méconnoître l'ancien fonds à des yeux un peu exercés.

H

DIX-NEUVIÈME FABLE.

De Freÿ & de Gerde.

IL y avoit un homme appelé *Gimer* qui étoit de la race des géans des montagnes; il avoit eu de sa femme *Orboda* une fille nommée *Gerde* qui étoit la plus belle de son sexe. Un jour *Freÿ* montant sur le trône du père universel pour considérer de-là tout le monde, apperçut vers le septentrion un magnifique palais au milieu d'une ville; il en vit ensuite sortir une femme dont la chevelure étoit si brillante que les airs & les eaux en étoient éclairés. A cette vue *Freÿ*, par une juste punition de ce qu'il avoit eu l'audace de monter sur ce trône sacré, fut frappé d'une tristesse soudaine, & de retour chez lui il ne vouloit ni parler, ni dormir, ni boire, & personne n'osoit seulement l'interroger. Cependant *Niord* fit venir *Skirner* qui étoit le confident de *Freÿ*, & le chargea de demander à son maître quel ennemi juré il pouvoit avoir, puisqu'il ne vouloit parler à personne. *Skirner* promit de le faire, & allant à *Freÿ* il lui demanda hardiment pourquoi il étoit si triste & si taciturne? *Frey* lui répondit qu'il avoit vu une fille si belle & si bien faite qu'il mourroit bientôt s'il ne pouvoit la posséder, & que c'étoit ce qui le rendoit si rêveur. *Va donc*, ajouta-t il, *obtiens-la en mariage pour moi, si tu l'amènes tu auras pour récompense tout ce que tu souhaiteras.* Skirner s'y engagea à condition que *Frey* lui donneroit son épée qui étoit si bonne qu'elle faisoit d'elle-même un grand carnage aussitôt que son possesseur le lui ordonnoit. *Frey* ne voulant point souffrir de délai lui en fit aussitôt présent ; après quoi *Skirner* s'étant mis en chemin obtint cette fille de ses parens qui lui promirent qu'elle le suivroit neuf nuits après qu'il seroit parti, & que les nôces se feroient dans le lieu nommé *Barey*. *Skirner* étant allé rapporter à *Frey* le succès de son message, ce dieu impatient prononça ces vers : « une nuit est » bien longue, deux nuits le sont plus » encore, comment passerai-je la troi- » sième ? Souvent un mois entier m'a » paru plus court que la moitié d'une » pareille nuit. » *Frey* ayant ainsi donné son épée se trouva sans armes lorsqu'il combattit contre *Bela* ; c'est pourquoi il le tua avec une corne de cerf. *Gan-*

gler dit alors: il me paroît bien étonnant qu'un aussi brave héros que *Frey* ait donné son épée à un autre, sans en garder une également bonne; il faut qu'il s'en soit mal trouvé lorsqu'il s'est battu avec *Bela*, & je jurerois qu'il s'en repentit bien. *Har* lui repliqua: ce combat ne fut pas bien considérable; *Frey* auroit pu tuer *Bela* d'un coup de poing s'il avoit voulu; mais lorsque les mauvais génies viendront combattre contre les dieux, c'est alors qu'il aura un véritable regret de n'avoir plus son épée.

REMARQUES

SUR LA DIX-NEUVIÈME FABLE.

(1) NOUVELLE fiction pour expliquer comment à la fin du monde le dieu *Frey* succombera aussi aux attaques des puissances ennemies. Au milieu de tous ces contes ridicules, on voit que les poëtes théologiens du Nord suivent toujours un même fil & tendent au même objet à leur doctrine favorite de la destruction future & du renouvellement du monde. Tout semble dans l'*Edda* subordonné à ce dogme, & o en citeroit à peine une seule fable qui n'y tienne plus ou moins.

VINGTIÈME FABLE.

De la nourriture des dieux.

MAIS, dit *Gangler*, si tous les hommes qui ont été tués à la guerre depuis le commencement du monde se rendent au palais d'*Odin*, quelle nourriture est-ce que ce dieu donne à une si grande multitude ? *Har* lui répondit : vous avez raison de dire qu'elle est grande, cependant elle s'augmentera encore à l'infini ; mais les dieux souhaiteront qu'elle soit beaucoup plus considérable encore, lorsque le loup *Fenris* arrivera au dernier jour (1). Le nombre n'en peut jamais être si grand que la chair du sanglier *Serimner* ne suffise pour les nourrir : tous les matins on le cuit, & le soir il redevient entier ; je crois que peu de personnes seroient en état de vous expliquer la chose comme elle est décrite dans des vers *dont le sens est qu'un cuisinier fait cuire ce sanglier, & que c'est de ce lard le meilleur de tous que les héros se nourrissent* (2). Mais, dit *Gangler*, est-ce qu'*Odin* mange à la même table que les héros ? *Har* lui répondit : quand on lui sert à manger sur sa table, il distribue ce qu'on lui donne à deux loups. Pour lui, il n'a besoin d'aucune nourriture, le vin lui tient lieu de tout autre aliment, comme cela est dit dans ces vers : « l'illustre père des armées, le » victorieux *Odin* rassasie lui-même ses » deux loups, & ne se nourrit qu'en » buvant sans cesse du vin. » (3) Deux corbeaux sont toujours placés sur ses épaules, & lui disent à l'oreille tout ce qu'ils ont vu & entendu de nouveau ; l'un s'appelle *Hugin*, (*l'esprit*) & l'autre *Munnin* (*la mémoire.*) *Odin* les lâche tous les jours, & après qu'ils ont parcouru le monde ils reviennent le soir vers l'heure du repas. C'est pour cela que ce dieu sait tant de choses, & qu'on l'appelle *le dieu des corbeaux*. *Gangler* poursuit & demande : quelle est cette boisson des héros qu'ils ont en aussi grande abondance que la nourriture ? Est-ce qu'ils ne boivent que de l'eau ? *Har* lui dit : vous faites une question ridicule : pouvez-vous croire que le père universel inviteroit des rois, des princes & des grands seigneurs pour ne leur faire boire que de l'eau ? Et certainement plusieurs de ceux qui vont au palais d'*Odin* trouveroient avec raison que cet honneur est bien chèrement acheté s'ils n'y étoient pas mieux régalés, eux qui ont souffert de cruels tourmens, & reçu des blessures mortelles pour y avoir accès. Vous allez voir qu'il en va tout autrement. Il y a dans le *Valhalla* une chèvre qui se nourrit des feuilles de l'arbre *Lerada*. De ses mammelles coule de l'hydromel en si grande abondance qu'on en remplit tous les jours une cruche assez vaste pour que tous les héros aient largement de quoi s'enivrer (4). Voilà, dit *Gangler*, une chèvre bien commode & bien merveilleuse, & je crois que l'arbre dont elle se nourrit a de bien grandes vertus. *Har* lui répondit: ce que l'on dit d'un certain *Cerf* est bien plus merveilleux. Ce cerf est aussi dans le *Valhalla*, & se nourrit des feuilles du même arbre ; il coule de ses cornes une vapeur si abondante qu'elle forme la fontaine d'où naissent les fleuves qui arrosent le séjour des dieux. *Gangler* continue & dit: il faut que le *Valhalla* soit un vaste palais, & je crois qu'il s'élève souvent des disputes à la porte, puisqu'il y a tant de gens qui entrent & sortent. *Har* lui répondit: pourquoi ne demandez-vous pas combien il y a de portes, & de quelle grandeur elles sont ? Après cela vous serez en état de juger s'il est difficile d'y entrer & d'en sortir; sachez donc qu'il n'y manque ni de siéges ni de portes, comme cela est dit dans le poëme de *Grimnis*. « Je sais qu'il y a cinq cent portes, » & encore quarante portes dans le *Valhalla*; huit héros peuvent sortir par » chacune, suivis d'une foule de spec- » tateurs, pour aller combattre. » Voilà bien du monde, dit *Gangler*, & il faut qu'*Odin* soit un grand héros puisqu'il commande à une si nombreuse armée. Mais dites-moi quelle est la récréation des héros lorsqu'ils ne boivent pas ? Tous les jours, répond *Har*, lorsqu'ils sont habillés, ils prennent les armes, entrent en lice, & se mettent en pièces les uns les autres, (5) c'est leur divertissement; mais aussitôt que l'heure du repas approche, ils remontent à cheval tous sains & saufs, & s'en retournent boire au palais d'*Odin*. Ainsi vous avez raison de dire qu'*Odin* est le plus grand, & le plus puissant des seigneurs; ce qui se trouve aussi confirmé par ces vers faits à la louange des dieux: *le frêne Ygdrasil est le plus grand des arbres*, Odin *des* dieux, Brage *des poëtes*, Sleipner *des chevaux, &c.*

REMARQUES

Sur la vingtième Fable.

(1) *Quand Fenris arrivera au dernier jour.*] J'ai déjà remarqué que l'*Edda* ne perd jamais de vue le grand événement de la destruction du monde. Les dieux inférieurs devoient à la même époque soutenir de rudes combats. Dans cette attente ils recevoient avec plaisir des guerriers d'une valeur éprouvée sur lesquels ils pussent compter dans les derniers temps.

(2) *En buvant sans cesse du vin.*] On a conclu de ce trait comme de bien d'autres, que la religion d'*Odin* avoit été apportée & non inventée dans le Nord. L'usage du vin n'y étoit pas connu dans ces anciens temps, mais *Odin* & ses compagnons qui avoient, dit-on, habité les pays au Nord de la mer Noire remplis de colonies grecques devoient savoir ce que c'étoit que le vin, & en connoître le prix. Il avoit puisé sans doute à la même source la connoissance des lettres, & l'usage de brûler les morts, qu'il apporta à ce qu'il paroît avec lui dans la Scandinavie.

(3) *C'est de ce lard que les héros se nourrissent.*] Cette description du palais d'*Odin* est une peinture naïve des mœurs des anciens Scandinaves & Germains. Inspirés par les besoins plus particuliers à leur climat, ils se

font un paradis délicieux à leur manière, où l'on doit boire, manger & se battre. Les femmes qu'ils y placent ne sont-là que pour remplir leurs coupes. Un sanglier fait même tous les frais de ce festin céleste: il leur suffit d'en avoir en abondance. La chair de cet animal aussi-bien que celle du porc étoit autrefois le mets favori de toutes ces nations. Les anciens François n'en faisoient pas moins de cas; un troupeau de porcs étoit à leurs yeux une si grande affaire que le second chapitre de la loi salique composé de 20 articles ne traite que de ceux qui en dérobent. Dans *Grégoire de Tours* la reine *Fredegonde* voulant noircir un certain *Nectaire* dans l'esprit du roi, l'accuse d'avoir enlevé plusieurs jambons de l'endroit où *Chilpéric* mettoit ses provisions. Le roi n'entendit point raillerie, & le cas fut regardé comme très-grave.

(4) *Pour que les héros aient de quoi s'enivrer.*] Le vin étoit cher dans ces temps-là, & presqu'inconnu, la bière étoit une boisson trop vulgaire pour des héros. L'*Edda* leur fait donc boire de l'hydromel; cette liqueur étoit extrêmement estimée de toutes les nations germaniques. Les anciens François en faisoient grand usage. *Grégoire de Tours* parlant d'un seigneur qui en buvoit ordinairement ajoute: *Ut mos barbarorum habet. Greg. Turon.* L. 8. c. 3.

(5) *Ils se mettent en pièces les uns les autres.*] On peut prendre de cet endroit de l'*Edda* une idée des amusemens des anciens

Celtes. Lorsqu'il n'y avoit point de guerre sérieuse, ils cherchoient à repaître par l'image des combats cette passion effrénée qui les portoit au métier des armes. *Les Goths aiment extrêmement à lancer des traits, à s'exercer au maniement des armes, & c'est leur usage journalier que de représenter des combats dans leurs jeux.* Isidor. Chronic. La même chose avoit lieu chez les Gaulois & les Germains, comme il paroît par un passage des fragmens de *Varron*. C'est à cet usage qu'il faut rapporter l'établissement des Tournois. Il y a plusieurs institutions de ce genre dont l'origine n'est pas moins ancienne, & va se perdre dans les ténèbres de la plus haute antiquité, quoiqu'en puissent dire quelques savans qui leur assignent des époques beaucoup plus récentes, ne considérant pas qu'un usage est d'ordinaire plus ancien que l'historien qui en parle le premier, & qu'un nom & une forme plus régulière qu'on peut lui avoir donnés, n'emportent pas l'idée d'une véritable création. Pour revenir au palais d'*Odin*, les héros devant se rendre de bon matin au tournois céleste, il y avoit un coq dans le voisinage pour les éveiller. Au grand jour du bouleversement du monde ses cris aigus doivent être le premier signal de l'approche des mauvais génies. Cette particularité est rapportée dans le poëme de la *Voluspa*, poëme d'où s'échappent quelques traits pleins de feu à travers des flots de fumée. Voici l'endroit : *l'animal qui fait briller une crête dorée a déjà percé de ses cris le séjour des dieux, il a réveillé les héros,* ils courent à leurs armes, ils courent vers le pere des armées. A ses chants répondent sous terre les chants lugubres du coq noirâtre qui se tient dans le palais de la mort. Voy. Barthol. Antiq. Dan. p. 563.

VINGT-UNIÈME FABLE.

Du cheval Sleipner, & de son origine.

GANGLER demanda : d'où vient le cheval *Sleipner* dont vous parlez, & à qui appartient-il ? *Har* lui répondit : son origine est fort merveilleuse. Un jour certain architecte vint offrir aux dieux de leur bâtir dans l'espace de deux saisons une ville si bien fortifiée qu'ils y seroient parfaitement à l'abri des incursions de toute sorte de géans, quand même ils auroient déjà pénétré dans l'enceinte de *Midgard* : mais il demandoit pour récompense la déesse *Freya*, & de plus le soleil & la lune. Après une longue délibération, les dieux firent accord avec lui, à condition qu'il finiroit tout l'ouvrage sans se faire aider de personne, & dans l'espace d'un seul hiver, & que s'il restoit encore quelque chose à faire au premier jour de l'été, il perdroit sa récompense. L'architecte entendant cela demanda de pouvoir se servir de son cheval, & les dieux par le conseil de *Loke* lui accordèrent sa demande. Ce traité fut confirmé par plusieurs sermens, & conclu en présence de plusieurs témoins, car sans cette précaution un géant n'eût pas cru être en sûreté parmi les dieux, surtout si *Thor* étoit revenu des voyages qu'il étoit allé faire en Orient pour vaincre les géans. Dès la première nuit, l'ouvrier fit donc traîner des pierres prodigieuses par son cheval, & les dieux voyoient avec surprise que cet animal faisoit beaucoup plus d'ouvrage que son maître même. L'hiver s'avançoit cependant, & comme il étoit près de sa fin, la construction de cette ville imprenable touchoit aussi à sa perfection : enfin lorsqu'il ne restoit plus que trois jours, l'ouvrage étoit achevé à la réserve des portes qui n'étoient pas posées. Alors les dieux commencèrent à tenir conseil, & à se demander les uns aux autres qui étoit celui d'entr'eux qui avoit pu conseiller de marier *Freya* dans le pays des géans, & de plonger les airs & le ciel dans les ténèbres en laissant enlever le soleil & la lune. Ils convinrent tous que *Loke* étoit l'auteur de ce mauvais conseil, & qu'il falloit lui faire souffrir une mort cruelle, s'il ne trouvoit quelque moyen de frustrer l'ouvrier de la récompense qu'on lui avoit promise. On se saisit aussitôt de lui, & tout effrayé il promit par serment de faire ce que l'on souhaitoit, quoiqu'il lui en dût couter. Le même soir, l'architecte faisant porter à son ordinaire des pierres par son cheval, il sortit tout-à-coup de la forêt voisine une jument qui appeloit le cheval par ses hennissemens. Cet animal ne l'eut pas plutôt vue qu'entrant en fureur il rompit sa bride & se mit à courir après la jument; l'ouvrier voulut aussi courir après son cheval, & l'un & l'autre ayant ainsi perdu toute la nuit, l'ouvrage fut différé jusqu'au lendemain. Cependant l'architecte convaincu qu'il n'y avoit pas d'autres moyens d'achever l'ouvrage reprit sa forme naturelle, & les dieux voyant clairement que c'étoit en effet un géant avec qui ils avoient fait accord, ne tinrent plus aucun compte de leur serment, & appelèrent le dieu *Thor* qui accourut aussitôt, & paya à l'ouvrier son salaire en lui donnant un coup de sa massue, qui lui mit la tête en pièces, & le précipita dans les enfers. Peu après *Loke* revint racontant que le cheval de l'architecte avoit produit un poulain qui avoit huit pieds; c'est ce cheval qu'on nomme *Sleipner*, & qui est le plus excellent de tous ceux que les dieux & les hommes possèdent (r).

REMARQUES

SUR LA VINGT-UNIÈME FABLE.

(1) LE cheval *Sleipner* a huit pieds. *Odin* qui le montoit pouvoit avec son secours passer rapidement d'un bout du monde à l'autre, & suivant *Saxon* traverser les mers mêmes sans danger. Il est visible que c'est une allégorie pour désigner la promptitude avec laquelle la volonté d'*Odin* ou du dieu suprême a son exécution. Des images semblables ont souvent été employées par les anciens poëtes sacrés & prophanes. Selon *Horace*, cependant, la vengeance divine étoit boîteuse, & ne suivoit le coupable qu'à pied. Mais *Horace* qui étoit railleur vouloit apparemment faire allusion à la manière dont le crime étoit puni de son temps.

VINGT-DEUXIÈME FABLE.

Du vaisseau des dieux.

GANGLER dit à *Har* : vous m'avez parlé d'un vaisseau qui étoit le meilleur de tous les navires. Sans doute, répondit *Har* : c'est le meilleur & le plus artistement construit ; mais il y en a un autre qui est le plus grand. Ce sont certains nains qui ont fabriqué le premier, & qui l'ont donné à *Frey*. Il est si vaste que tous les dieux armés peuvent y avoir place. Aussitôt qu'on en déploye les voiles, il est poussé par un vent favorable en quelque lieu qu'il doive aller : & lorsque les dieux ne veulent pas naviger, ils peuvent le démonter en tant de petites parties qu'étant plié on peut le mettre en poche. C'est un vaisseau commode que cela, répondit *Gangler*, & il a fallu sans doute beaucoup d'art & de magie pour venir à bout de le faire.

※

VINGT-TROISIÈME FABLE.

Du dieu Thor.

GANGLER continue & dit : n'est-il jamais arrivé à *Thor* dans ses voyages d'être vaincu soit par des prestiges, soit de force ouverte ? *Har* lui répondit : il y a peu de personnes qui puissent vous raconter qu'il soit jamais arrivé un pareil accident à ce dieu ; & quand même il auroit véritablement eu du dessous en quelque rencontre, il n'en faudroit pas parler, puisque tout le monde doit croire que rien ne peut résister à sa puissance. J'ai donc fait une question, dit *Gangler*, à laquelle aucun de vous n'est en état de répondre. Alors *Jafnhar* prit la parole, & lui dit : nous avons entendu certains bruits peu croyables à la vérité ; vous avez ici près quelqu'un qui peut vous en faire part, & vous devez d'autant mieux le croire que comme il n'a jamais menti, il ne voudroit pas commencer à présent à vous débiter des choses fausses. Voyons, interrompit *Gangler* ; j'attends votre explication ; mais si vous ne satisfaites pas aux questions que je vous ai proposées, tenez-vous sûr que je vous déclare vaincu. *Har* lui dit : voici le commencement de l'histoire que vous voulez savoir. Un jour le dieu *Thor* partit avec *Loke* dans son char traîné par deux boucs, & le soir étant venu ils allèrent loger chez un paysan. Le dieu *Thor* tua aussitôt ses deux boucs, & les ayant écorchés les mit cuire. Quand cela fut fait, il se mit à table pour souper, & invita le paysan & ses enfans à manger avec lui ; le fils de son hôte se nommoit *Tialfe* & sa fille *Raska*. *Thor* leur recommanda de jeter tous les os dans les peaux de ces boucs qu'il tenoit étendues près de la table ; mais le jeune *Tialfe* pour avoir de la moële rompit avec son couteau l'os d'une jambe d'un des boucs. Après avoir passé la nuit dans ce lieu, *Thor* se leva de grand matin, & s'étant habillé il leva le manche de sa massue, ce qu'il n'eut pas plutôt fait que les deux boucs reprirent leur forme, mais l'un d'eux boitoit d'une jambe de derrière. Le dieu voyant cela ne douta pas que le paysan ou quelqu'un de sa maison n'eût manié trop rudement les os de ses boucs ; irrité de cette imprudence il fronce les sourcils, regarde de travers, empoigne sa massue, & la serre avec tant de force que les jointures de ses doigts blanchissoient. Le paysan tremblant craignoit d'être terrassé d'un seul de ses regards; ses enfans se joignirent à lui pour supplier *Thor* de leur pardonner, lui offrant tous leurs biens en dédommagement de la perte qu'il avoit faite: enfin touché de leur extrême crainte il s'appaisa, & se contenta d'emmener avec lui *Tialfe* & *Raska*. Laissant donc ses boucs dans ce lieu, il se mit en route pour se rendre dans le pays des géans, & étant arrivé au bord de la mer il la traversa à la nage accompagné de *Tialfe*, de *Raska*, & de *Loke*. Le premier étoit un excellent coureur, & portoit la valise de *Thor*. Quand ils eurent fait quelques pas, ils trouvèrent une vaste plaine, dans laquelle ils marchèrent tout le jour, quoique réduits à une grande disette de vivres. Comme la nuit s'approchoit, ils cherchèrent de tous côtés un endroit où ils pussent se reposer, & ils trouvèrent enfin dans les ténèbres la maison d'un certain géant dont la porte étoit aussi large qu'un des côtés. Ce fut là qu'ils passèrent la nuit; mais comme elle étoit à-peu-près à moitié passée, ils sentirent un grand tremblement de terre qui secouoit violemment toute la maison. *Thor* se levant appela ses compagnons pour chercher avec lui quelque asyle ; ils trouvèrent à main droite une chambre voisine dans laquelle ils entrèrent. Mais *Thor* se tenant à la porte pendant que les autres frappés de crainte se cachoient au fond de leur retraite, s'arma de sa massue pour se défendre à tout événement. Cependant on entendoit un terrible bruit, & le matin étant venu *Thor* sortit & apperçut près de lui un homme qui étoit prodigieusement grand, & ronfloit de toutes ses forces, & *Thor* comprit que c'étoit là le bruit qu'il avoit entendu pendant la nuit. Aussitôt il prit sa vaillante ceinture qui a le pouvoir d'accroître ses forces ; mais le géant s'étant éveillé, *Thor* effrayé n'osa lui lancer sa massue, & se contenta de lui demander son nom. Je m'appelle *Skrymner*, répond l'autre ; pour moi je n'ai pas besoin de te demander si tu es le dieu *Thor*, & si tu ne m'as pas pris mon gant ? En même temps il étendit la main pour le reprendre, & *Thor* s'apperçut que cette maison où ils avoient passé la nuit étoit ce gant même, & la chambre un des doigts du gant. Là-dessus *Skrymner* lui demanda s'il ne voyageoit pas en compagnie ? A quoi *Thor* ayant répondu qu'oui, le géant prit sa valise & en tira de quoi manger. *Thor* étant allé en faire autant avec ses compagnons, *Skrymner* voulut joindre ensemble les deux valises, & les mettant sur son épaule, commença à marcher à grands pas. Le soir quand ils furent arrivés le géant s'alla coucher sous un chêne, montrant à *Thor* le lieu où il vouloit dormir, & lui disant de prendre à manger dans la valise. En même temps il se mit à ronfler fortement. Mais *Thor* ayant voulu ouvrir la valise, (chose incroyable) ne put jamais défaire un seul nœud ; aussi prenant de dépit sa massue, il la lance contre la tête du géant. Celui-ci s'éveillant demande quelle feuille lui est tombée sur la tête, & qu'est-ce que cela peut être ? *Thor* fait semblant de vouloir aller dormir sous un autre chêne ; comme il étoit environ minuit, ce dieu entendant ronfler de nouveau *Skrymner*, prend sa massue & la lui enfonce par derrière dans la tête. Le géant s'éveille & demande à *Thor* s'il lui est tombé quelque grain de poussière sur la tête, & pourquoi il ne dort pas ? *Thor* répond qu'il va s'endormir. Mais un moment après, résolu de porter à son ennemi un troisième coup, il ramasse toutes ses forces & lui lance sa massue dans la joue avec tant de violence qu'elle s'y enfonce jusqu'au manche. *Skrymner* se réveillant porte sa main à la joue, disant: y a-t-il des oiseaux perchés sur cet arbre ? il me semble qu'il est tombé une plume sur moi. Puis il ajoute : pourquoi veilles-tu, *Thor* ? Je crois qu'il est temps de nous lever, & de nous habiller. Vous n'avez pas beaucoup de chemin à faire encore pour arriver à la ville qu'on nomme *Utgard*; je vous ai entendu vous dire à l'oreille les uns aux autres que j'étois d'une bien grande taille, mais vous en verrez là de beaucoup plus grands que moi. C'est pourquoi je vous conseille, quand vous y serez arrivé, de ne pas trop vous vanter, car on ne souffre pas volontiers dans cet endroit là de petits hommes comme vous; je crois même que ce que vous auriez de mieux à faire seroit de vous en retourner; cependant si vous persistez dans vôtre résolution, prenez votre route à l'Orient; pour moi, mon chemin me mène au Nord. Là dessus il mit sa valise sur son dos & entra dans une forêt. On n'a pas entendu dire que le dieu *Thor* lui ait souhaité bon voyage; mais continuant sa route avec ses compagnons il apperçut, comme il

étoit

étoit près de midi, une ville située au milieu d'une vaste campagne; cette ville étoit si élevée qu'il ne pouvoit la voir jusqu'au haut sans renverser la tête sur les épaules. La porte étoit fermée par une grille que *Thor* ne put jamais ouvrir, mais lui & ses compagnons passèrent à travers les barreaux: étant entrés ils virent un grand palais, & des hommes d'une taille prodigieuse: s'adressant ensuite au roi qu'on nommoit *Utgarda-Loke*, ils le saluèrent civilement. Le roi les ayant enfin regardés se mit à rire en tordant la bouche de fort mauvaise grâce. Il est trop tard, dit-il, pour vous interroger sur le long voyage que vous avez fait; cependant, si je ne me trompe, ce petit homme que je vois là doit être *Thor*; peut-être est-il plus grand qu'il ne me paroît; mais pour m'en assurer, ajouta-t-il en leur adressant la parole, voyons un peu quels sont les arts dans lesquels tu te distingues, toi, & tes compagnons; car personne ne peut rester ici à moins qu'il n'entende quelque art, & qu'il n'y excelle même par dessus tous les autres hommes. *Loke* dit alors que son art étoit de manger plus que personne au monde, & qu'il étoit prêt à soutenir un défi dans ce genre d'escrime. Certainement, repliqua le roi, il faudra convenir que vous ne serez pas mal-adroit si vous pouvez tenir votre promesse ; nous allons donc vous mettre à l'épreuve : en même temps il fit venir un de ses courtisans, qui étoit assis sur un banc à l'écart, & se nommoit *Loge* (*flamme*) & il lui ordonna de se mesurer avec *Loke* dans l'art dont on vient de parler. Alors on fit placer sur le parquet un bacquet plein de viande, & les deux champions à chaque bout, qui se mirent aussitôt à dévorer ces viandes avec tant de vîtesse qu'ils se rencontrèrent bientôt au milieu du bacquet & furent obligés de s'arrêter : mais *Loke* n'avoit mangé de sa portion que la chair seulement, au lieu que l'autre avoit dévoré & la chair & les os : tout le monde jugea donc que *Loke* devoit être censé vaincu.

VINGT-QUATRIÈME FABLE.

De l'art de Tialfe.

Après cela le roi demanda quel métier savoit faire ce jeune homme qui étoit avec *Thor*? *Tialfe* répondit, qu'il disputeroit avec lequel de ses courtisans que ce fût à qui courroit le plus vîte en patins. Le roi dit que c'étoit-là un très-beau talent, mais qu'il lui falloit user de diligence s'il vouloit demeurer vainqueur. Il sortit donc, & conduisant *Tialfe* dans une plaine, il lui donna un jeune homme appelé *Hugo* (*l'esprit ou la pensée*) pour disputer le prix de la course avec lui: mais cet *Hugo* devança tellement *Tialfe* qu'en revenant au but d'où ils étoient partis, il le rencontra encore face à face. Alors le roi dit: une autre fois il te faut dépêcher davantage. Ils tentèrent donc une seconde course, & *Tialfe* n'étoit plus qu'à une portée de trait du but lorsque *Hugo* y arriva. Ils coururent une troisième fois, mais *Hugo* avoit déjà touché la borne lorsque *Tialfe* n'étoit pas encore à moitié chemin. Là-dessus tous ceux qui étoient présens s'écrièrent que c'étoit assez s'essayer dans cet exercice-là.

VINGT-CINQUIÈME FABLE.

Des épreuves que Thor soutint.

ALORS le roi demanda à *Thor* dans quel art il vouloit faire preuve de son habileté si renommée? *Thor* répondit, qu'il vouloit disputer avec quelqu'un de sa cour à qui boiroit le mieux. Le roi y ayant consenti, il entre dans le palais & va chercher une grande corne, dans laquelle les courtisans étoient obligés de boire lorsqu'ils avoient fait quelque faute contre les réglemens de la cour. L'échanson la remplit & la présente à *Thor*, pendant que le roi lui disoit: lorsqu'un homme boit bien, il doit vuider cette corne d'un seul coup, quelques-uns le font en deux, mais il n'y a point de si petit buveur qui ne la vuide en trois. *Thor* considère cette corne, & n'est étonné que de sa longueur: cependant comme il avoit extrêmement soif, il se met à boire avec force & aussi long-temps qu'il le put, sans reprendre son souffle, afin de n'être pas obligé d'y revenir une seconde fois; mais quand il eut éloigné la coupe de sa bouche pour regarder dedans, à peine s'apperçut-il que la liqueur eut diminué. S'étant remis à boire de toutes ses forces il n'avança pas plus que la première fois ; enfin plein de colère il approche encore de ses lèvres la corne, & fait les plus grands efforts pour la vuider entièrement ; après cela il regarde & trouve que la liqueur s'est un peu abaissée, ce qui fit que ne voulant plus essayer il rendit la corne. On voit bien, lui dit alors le roi, que tu n'es pas si vaillant que nous l'avons cru, mais veux-tu faire encore de nouvelles tentatives ? Certainement, dit *Thor*, des coups comme ceux que j'ai bus ne seroient pas censés petits parmi les dieux, mais quel jeu voulez-vous me proposer ? Il y a ici un jeu de peu d'importance auquel nous exerçons les enfans, lui répondit le roi ; il consiste à lever de terre mon chat, & je ne t'en parlerois pas si je n'avois pas vu que tu n'étois pas tel que l'on te disoit être. En même temps un grand chat couleur de fer sauta au milieu de la salle ; *Thor* s'approchant lui passe la main sous le ventre, & le soulève de toutes ses forces ; mais le chat courbant le dos n'éleva jamais qu'un seul pied. Le succès, dit le roi, a été tel que je le préfageois ; le chat eft grand, mais *Thor* eft petit en comparaifon des hommes d'ici. Si je fuis petit, répond *Thor*, faites paroître quelqu'un avec qui je puiffe lutter. Le roi entendant cela regarde de tous côtés, & dit : je ne vois ici perfonne qui ne regarde au-deffous de foi, d'entrer en lice avec toi. Mais qu'on faffe venir ma nourrice *Hela* (*la mort*,) pour lutter avec le dieu *Thor* ; elle en a terraffé de plus forts que lui. Au moment même une vieille édentée entre dans la falle : voilà, dit le roi à *Thor*, celle avec qui tu dois lutter ; mais après que de part & d'autre ils fe furent portés de grands coups, & qu'ils eurent long-temps & vaillamment combattu, *Thor* tomba fur un genou, & le roi s'approchant leur ordonna de finir, ajoutant qu'il n'y avoit plus dans fa cour perfonne à qui on pût honnêtement propofer de fe battre avec lui.

VINGT-SIXIÈME FABLE.

Explication des prestiges.

THOR passa dans ce lieu la nuit avec ses compagnons, & le lendemain de grand matin il se prépara à partir; mais le roi le fit appeler, & lui donna un magnifique festin, après lequel il accompagna *Thor* hors de la ville. Comme ils étoient prêts à se dire adieu, le roi demanda à *Thor* ce qu'il pensoit du succès de son voyage. *Thor* lui répondit, qu'il ne pouvoit nier qu'il ne sortît de chez lui honteux & mécontent. Il faut donc, dit le roi que je vous découvre à présent la vérité, puisque vous êtes hors de notre ville, dans laquelle vous ne rentrerez jamais tant que je vivrai & que je régnerai : je vous assure bien aussi que si j'avois pu prévoir que vous eussiez tant de forces, je ne vous y eusse point laissé entrer ; mais je vous ai enchanté par mes prestiges, d'abord dans la forêt où je vins au devant de vous, car vous ne pûtes défaire votre valise, parce que c'étoit moi qui l'avois fermée avec une chaîne magique : ensuite vous voulûtes me frapper trois fois avec votre massue; le premier coup quoique léger m'eût terrassé si je l'eusse reçu; mais lorsque vous serez sorti d'ici, vous trouverez un très-grand rocher, dans lequel il y a trois vallées de forme quarrée, & l'une d'elles extrêmement profonde; ce sont les endroits que votre massue a frappés, parce que je me cachois alors derrière un rocher que vous ne pouviez voir. J'ai usé des mêmes prestiges dans les combats que vous avez soutenus contre les gens de ma cour. Dans le premier *Loke* a dévoré comme un affamé toute sa portion, mais *Loge* son adversaire étoit un *feu errant* qui a bientôt consumé & les viandes & les os & le bacquet même. *Hugo* qui a disputé le prix de la course contre *Tialfe* étoit mon esprit, & il n'étoit pas possible que *Tialfe* pût l'égaler en rapidité. Quand vous avez voulu vuider la corne, vous avez fait, sur ma foi, une merveille que je ne pourrois pas croire si je ne l'avois vue; car un des bouts de la corne s'étendoit jusques à la mer, ce que vous n'avez pas apperçu. Et quand vous irez pour la première fois au bord de la mer, vous verrez combien elle est diminuée. Vous n'avez pas fait un moindre miracle en foulevant le chat, & pour vous parler vrai, quand nous avons vû qu'un de fes pieds quittoit la terre, nous avons tous été extrêmement furpris & effrayés, car ce qui vous paroiffoit un chat étoit en effet le grand ferpent qui environne toute la terre, tant votre main en s'élevant s'eft approchée du ciel. A l'égard de votre lutte avec une vieille, il eft bien étonnant qu'elle ne vous ait fait tomber que fur un genou, car c'eft contre la mort que vous avez combattu, & il n'y a ni n'y aura perfonne qu'elle n'abatte à la fin. Mais à préfent, puifque nous allons nous quitter, je vous déclare qu'il eft également avantageux pour l'un & pour l'autre que vous ne reveniez plus vers moi, & fi vous voulez le faire, je me défendrai encore par d'autres preftiges, enforte que vous ne pourrez jamais rien contre moi. Comme il difoit ces mots, *Thor* indigné prend fa maffue & la veut lancer fur le roi, mais celui-ci difparoît, & le dieu ayant voulu retourner vers la ville pour la détruire, ne trouva plus que de vaftes campagnes couvertes de verdure: continuant donc fa route il revint fans fe repofer dans fon palais.

REMARQUES

Sur les Fables vingt-troisième et suivantes.

Je n'ai point voulu supprimer les fables qu'on vient de lire quelque futiles qu'elles puissent paroître d'abord, soit afin de donner l'*Edda* dans son entier, soit parce qu'elles ne me paroissent pas entièrement inutiles pour faire connoître de plus en plus le tour d'esprit des anciens habitans de l'Europe. On a vu plus haut que *Thor* étoit regardé comme une divinité favorable aux hommes, comme leur protecteur contre les attaques des géans & des mauvais génies; il est assez remarquable que ce même dieu soit ici exposé à des prestiges, à des piéges, à des épreuves, & que ce soit le mauvais principe qui le persécute. *Utgarda-Loke* signifie le *Loke* ou le *démon de dehors*. Je pense toujours qu'il faut chercher l'origine de ces fables dans l'allégorie & peut-être aussi dans la religion répandue autrefois en Perse, & dans les contrées voisines, d'où nos anciennes chroniques prétendent que sont sortis *Odin* & ses compagnons. C'est-là qu'est né le dogme du bon & du mauvais principe dont on voit ici les combats exprimés d'une manière allégorique.

Il me paroît vraisemblable que cette doctrine apportée dans le Nord par les Asiatiques qui s'y établirent, n'a été chargée de tant de circonstances puériles qu'en passant successivement par la bouche des poètes, seuls dépositaires des opinions de ces temps. En effet on trouve dans quelqu'une de ces additions des choses qui doivent avoir été imaginées dans le Nord; ce combat, par exemple, à qui mangera & boira le mieux, à qui courra le plus vite sur la glace, ces cornes dans lesquelles les courtisans sont obligés de boire quand ils tombent en faute, genre de punition qui avoit encore lieu communément en Russie il n'y a pas long-temps, & que Pierre avoit employé dans certains règlemens. L'explication qu'on donne ici de la diminution de la mer doit encore avoir été trouvée dans le Nord. Cette diminution y est sensible en trop d'endroits pour n'y avoir pas été remarquée; les coquillages qu'on y rencontre sur des montagnes, & tant d'autres indices du séjour de la mer avoient dû exercer la curiosité des poètes philosophes de ce temps-là, mais on y retrouve surtout cette opinion si accréditée chez les peuples du Nord, & en général chez tous les Celtes qu'on pouvoit par des prestiges faire illusion aux plus clairvoyans, & leur persuader qu'ils voyoient ou qu'ils entendoient ce qui n'existoit point. Dans les chroniques anciennes & dans les annales de *Saxon* on en trouve des exemples presqu'à chaque page. Tout y est enchantement, magie, prestige, métamorphose d'hommes & de bêtes. Les sorcières, les ogres, les loups garoux, les fées qui n'existent plus que dans les contes étoient alors l'ame, la base de l'histoire, & le mobile des principaux événemens. Mais ce qui décèle le plus un fonds oriental & mystérieux dans cette fable, c'est cette lutte de *Thor* avec la mort ou la vieillesse à qui il semble payer un tribut passager en tombant sur un genou, & en se relevant ensuite. Dans la fable suivante il conserve, comme dans toute cette mythologie, le caractère & les fonctions qui lui sont d'abord attribuées. Il va combattre le grand serpent, ce monstre engendré par le mauvais principe, & l'ennemi des dieux & des hommes; mais il ne triomphera parfaitement qu'au dernier jour, lorsqu'après avoir, en le foudroyant, reculé de neuf pas, il le détruira pour jamais.

Il y a sans doute peu de manières d'interpréter plus équivoques, plus sujettes aux abus, plus décriées que celle qui recourt à l'allégorie. Mais le tour d'esprit qui semble avoir dicté toute cette mythologie, & ces noms significatifs qu'elle affecte d'employer, ne nous prescrivent-ils pas d'en faire usage dans cette occasion? De plus, il ne faut pas oublier que ce sont des poëtes qui nous l'ont transmise, & des poëtes théologiens.

VINGT-SEPTIÈME FABLE.

Du voyage que fit Thor pour aller pêcher le grand serpent.

JE comprends par vos récits, dit *Gangler*, que la puissance de ce roi dont vous venez de parler doit être grande, & c'en est une forte preuve que d'avoir des courtisans si habiles en tout genre. Mais dites-moi, *Thor* n'a-t-il jamais vengé cette injure? Nous savons, répondit *Har*, (quoique personne n'en ait parlé) que *Thor* avoit résolu d'attaquer le grand serpent, s'il s'en présentoit une occasion, c'est pourquoi il entreprit un nouveau voyage, & il partit d'*Asgard* sous la forme d'un jeune garçon pour se rendre auprès du géant *Hymer*. Y étant arrivé, il pria ce géant de lui permettre de monter avec lui sur sa barque quand il iroit pêcher. Le géant lui répondit qu'un petit garçon ne pouvoit lui être bon à rien, & qu'il mourroit de froid lorsque, suivant sa coutume, il auroit gagné la haute mer. *Thor* répondit qu'il ne craignoit rien, & lui demanda ce qu'il vouloit employer pour amorce. *Hymer* lui dit de chercher lui-même quelque chose. *Thor* s'approcha donc d'un troupeau de bœufs qui appartenoient au géant, & prenant un de ces animaux il lui arracha la tête de sa main, & retournant à la barque où étoit *Hymer*, ils s'y assirent tous deux. *Thor* se plaça au milieu de la barque, faisant mouvoir deux rames à la fois; *Hymer* qui ramoit aussi à la proue, voyoit avec surprise combien *Thor* faisoit avancer rapidement la barque, & il lui dit, qu'ils étoient déjà arrivés à l'endroit reconnu par la situation des côtes pour être le plus propre à la pêche des plies. Mais *Thor* assuroit qu'il falloit aller beaucoup plus avant, ensorte qu'ils ramèrent encore long-temps, jusqu'à ce qu'*Hymer* dit que s'ils s'éloignoient davantage, ils ne seroient pas en sûreté contre le grand serpent. Malgré cela *Thor* s'obstina à vouloir ramer encore, & en dépit du géant il ne s'arrêta que fort tard. Alors tirant une ligne à pêcher extrêmement forte, il y attacha la tête de bœuf, la déploya & la jeta dans la mer. L'amorce ayant gagné le fond, le serpent avide de cette tête la voulut dévorer, & l'hameçon lui resta enfoncé dans le palais. Aussitôt la douleur l'ayant fait remuer avec force,

Thor fut obligé de se tenir fortement des deux mains aux chevilles qui soutiennent les rames ; mais l'effort qu'il fit de tout son corps fut cause que ses pieds percèrent la barque & allèrent jusqu'au fond de la mer, tandis que de ses mains il tiroit avec violence le serpent sur son bord. C'est une chose qu'on ne peut exprimer que les regards terribles que ce dieu lançoit sur le serpent, pendant que ce monstre élevant la tête souffloit du poison contre lui : cependant le géant *Hymer* voyant avec effroi que l'eau entroit de tous côtés dans sa barque, coupa de son couteau la corde de la ligne dans le temps que *Thor* alloit frapper le serpent avec sa massue. Alors le monstre retomba dans le fond de la mer ; cependant quelques-uns ajoutent, que *Thor* lança après lui sa massue & qu'il lui brisa la tête au milieu des flots. Mais il est plus sûr de dire qu'il vit encore dans les eaux. *Thor* donna ensuite un coup de poing au géant près de l'oreille, d'où il le jeta la tête la première dans la mer, après quoi il s'en alla à gué jusqu'à terre.

REMARQUES
Sur la vingt-septième Fable.

On est encore aujourd'hui généralement persuadé en Norvège qu'il existe dans les mers profondes qui baignent les côtes de ce royaume, un poisson ayant la forme de serpent d'une longueur prodigieuse. L'évêque *Pontoppidan*, dans son histoire naturelle de Norvège paroît pancher à admettre ce fait, dont il allègue même diverses preuves très-spécieuses.

Cette persuasion existoit sans doute déjà lorsque les anciens poëtes théologiens, dont les vers font le texte de l'*Edda*, composoient leurs ouvrages, & comme ils empruntoient de tous les objets de la nature qui leur étoient connus les moyens de leurs comparaisons & de leurs allégories, ils peignirent le principe du mal, le grand ennemi des dieux & du monde physique sous l'emblème du grand serpent marin. Mais il fallut le rendre plus grand encore qu'on ne le disoit communément, pour mieux faire comprendre toute sa force, & sa puissance. C'est pourquoi dans la fable précédente, *ce grand serpent environne la terre entière*. L'auteur de cette fable n'ose décider si *Thor* tue ou non le grand serpent, il incline cependant à croire que ce monstre existe encore, & ailleurs on verra que cette dernière opinion est la mieux fondée, puisqu'à la fin du monde il y aura un nouveau combat entre le dieu & le monstre dans lequel tous les deux périront. *Thor*, comme nous l'avons dit, étoit le défenseur des dieux & des hommes, le grand antagoniste des mauvais génies, il en triomphoit le plus souvent, mais il ne pouvoit les détruire; il les domptoit, les enchainoit pour un temps, & il devoit arriver un jour où toutes ces puissances ennemies se réunissant briseroient leurs liens, & consommeroient la destruction d'un monde depuis long-temps miné & attaqué dans toutes ses parties. Tel étoit vraisemblablement le sens caché sous cette fable allégorique, & sous presque toutes celles de cette mythologie.

VINGT-HUITIÈME FABLE.

De Balder le bon.

CERTAINEMENT, dit *Gangler*, ce fut une belle victoire que celle de *Thor*. Le songe que *Balder* eut un soir, est quelque chose de plus important encore, répondit *Har*: il sembloit à ce dieu que sa vie devoit être en grand danger; c'est pourquoi ayant raconté ce songe aux autres dieux, ils convinrent de conjurer tous les périls dont *Balder* étoit menacé. *Frigga* exigea donc un serment du feu, de l'eau, du fer, & des autres métaux, des pierres, de la terre, des arbres, des animaux, des oiseaux, des maladies, du poison, & des serpens, qu'ils ne feroient point de mal à *Balder* (1). Cela étant fait, les dieux & *Balder* lui-même se faisoient un amusement dans leurs grandes assemblées de lancer à *Balder* les uns des traits, les autres des pierres, & d'autres de lui donner des coups d'épée. Mais quoiqu'ils fissent, ils ne pouvoient le blesser, ce qui étoit regardé comme un grand honneur pour *Balder*. Cependant *Loke* excité par l'envie s'en alla sous la forme d'une femme étrangère au palais de *Frigga*, & cette déesse la voyant lui demanda si elle savoit quelle étoit l'affaire dont les dieux étoien. le plus occupés dans leur assemblée. La feinte vieille lui répondit, que les dieux jetoient des traits & des pierres à *Balder*, sans lui faire du mal. Oui, dit *Frigga*, & ni les armes de métal, ni celles de bois ne peuvent lui être mortelles; car j'ai exigé un serment de toutes ces choses. Quoi! dit la femme, est-ce que toutes choses vous ont juré de rendre les mêmes honneurs à *Balder*? Il n'y a qu'un seul arbuste, repliqua *Frigga*, qui croit au côté occidental du *Valhalla*, & qu'on nomme *mistilteinn* (*le gui*) à qui je n'ai pas voulu demander de serment parce qu'il m'a paru trop jeune & trop foible. La vieille entendant cela disparut, & reprenant la forme de *Loke*, alla arracher l'arbuste par la racine, & de-là se rendit à l'assemblée des dieux. Là étoit *Hoder* placé à l'écart sans rien faire parce qu'il étoit aveugle. *Loke* s'approchant lui demanda pourquoi il ne lançoit pas aussi quelques traits à *Balder*? C'est, répond l'autre, parce que je suis aveugle & sans armes. Faites comme les autres, repliqua *Loke*, rendez honneur à *Balder* en lui jetant cette baguette, je vous enseignerai l'endroit où il est. *Hoder* ayant donc pris le gui (2) & *Loke* lui dirigeant la main, il le lança à *Balder* qui en fut percé de part en part & tomba sans vie; & l'on n'avoit jamais vu ni parmi les dieux, ni parmi les hommes un crime plus atroce que celui-là. *Balder* étant mort, les dieux étoient sans parole & sans force, ils n'osoient se venger par respect pour le lieu où ils étoient. Tous étoient donc plongés dans le deuil le plus profond, & *Odin* surtout qui sentoit mieux que les autres la perte qu'on avoit faite. Après que leur douleur fût un peu appaisée, ils portèrent le corps de *Balder* vers la mer, où étoit le vaisseau de ce dieu qui passoit pour le plus grand de tous. Mais les dieux l'ayant voulu lancer à l'eau pour en faire un bucher à *Balder*, ils ne purent jamais le remuer: c'est pourquoi ils firent venir du pays des géans une certaine magicienne qui arriva à cheval sur un loup, se servant de serpens en place de bride. Ayant mis pied à terre, *Odin* fit venir quatre géans seulement pour garder sa monture, & elle lui paroissoit si redoutable qu'il voulut s'assurer auparavant s'ils pourroient la renverser, car, disoit-il, si vous ne pouvez la jeter par terre, vous ne pourrez pas non plus la tenir arrêtée. Alors la magicienne se courbant sur la proue du vaisseau, le mit à flot d'un seul effort, ensorte que le feu étinceloit sous le bois violemment entraîné, & que la terre trembloit. *Thor* irrité à la vue de cette femme prit sa massue, & lui auroit brisé la tête si les dieux ne l'eussent appaisé par leurs intercessions. Le corps de *Balder* ayant donc été porté sur le vaisseau, on alluma le bucher, & *Nanna* sa femme qui étoit morte de douleur, y fut brûlée avec lui. *Thor* qui étoit présent consacra le feu avec sa massue, & y jeta un nain qui couroit ordinairement devant lui, & qui y fut consumé. Il y avoit aussi à cette cérémonie, outre tous les dieux, & toutes les déesses, un grand nombre de géans. *Odin* posa sur le bucher un anneau d'or, auquel il donna ensuite la propriété de produire chaque neuvième nuit, huit anneaux d'un poids pareil. Le cheval de *Balder* fut aussi consumé dans les mêmes flammes avec le corps de son maître (3).

REMARQUES

Sur la vingt-huitième Fable.

(1) *Balder* est le soleil, à ce qu'on a lieu de croire. Fait-on allusion dans cette fable à ces éclipses qui nous dérobent quelquefois sa lumière ? ou plutôt n'est-il pas encore question ici de ce combat éternel des mauvais génies contre les dieux, dont nous avons si souvent parlé, & dont il sera encore question. Au reste on sait, quand on a lu les anciens romans, qu'il y avoit autrefois des magiciens & des magiciennes qui enchantoient si bien les lances & les épées qu'elles ne pouvoient plus faire aucun mal. Le peuple ne s'est pas encore défait partout de cette ridicule opinion. Nos anciennes histoires du Nord sont remplies de traits qui y font allusion. *Saxon* L. 6. nous assure qu'un certain gladiateur nommé *Wisin* enchantoit les épées d'un seul regard : il y avoit des caractères runiques qui produisoient cet effet ; mais en général c'étoient les fées & les déesses qui excelloient dans ce bel art. *Frigga* étoit même celle qui le possédoit éminemment ; on voit ici qu'elle enchantoit tout ce qu'elle vouloit. *Tacite*, qui la désigne par l'épithète de *mere des dieux*, (l'*Edda* lui donne ce nom en plus d'un endroit) parle aussi du pouvoir qu'elle avoit de protéger ses adorateurs au milieu des traits

lancés par leurs ennemis. *Matrem Deûm venerantur (Æstyi), insigne superstitionis formas aprorum gestant. Id pro armis omniumque tutela securum deæ cultorem etiam inter hostes præstat.*

(2) *Ayant donc pris le gui.*] Si les Scandinaves avoient eu une religion différente des Germains, les Germains des Gaulois, les Gaulois des Bretons, d'où viendroit cette conformité singulière qui se trouve entr'eux, jusques dans des opinions aussi phantastiques que celle-ci ? J'insiste sur cette réflexion qui justifie le titre de *mythologie celtique* que je donne à l'*Edda*, & je la rappelle à l'occasion de ce passage. On y apprend que les Scandinaves, comme les Gaulois & les Bretons, ont attribué au *gui* quelque vertu divine. Le gui, & en particulier celui de chêne, a été vénéré, non chez les Gaulois seulement, comme on l'a souvent avancé sans fondement, mais chez toutes les nations celtiques de l'Europe. Les peuples du *Holstein* & des contrées voisines l'appellent encore aujourd'hui *marentacken*, *rameau des spectres*, sans doute à cause de ses propriétés magiques. En quelques endroits de la haute Allemagne le peuple a conservé le même usage qui se pratique en plusieurs provinces de France. Les jeunes gens vont au commencement de l'année frapper les portes & les fenêtres des maisons, en criant *guthyl*, qui signifie le *gui*. Voy. *Keysler* Antiq. Sept. & Celt. p. 304. & seqq. Les anciens Italiens étoient dans les mêmes idées. *Apulée* nous a conservé quelques vers de l'ancien

poëte *Lelius* où le *gui* est cité comme une des choses qui peuvent rendre un homme magicien. *Apul. Apolog. prior.*

(3) *Consumé avec le corps de son maître.*] Je pourrois faire ici diverses remarques sur les funérailles des anciens Scandinaves, & en particulier sur ce bucher où l'on brûle à la fois une femme, un esclave & un cheval, avec le corps de celui qui en étoit possesseur: mais les circonstances & le but de cet usage barbare ont été, je pense, exposés assez au long dans l'*Introduction à l'histoire de Dannemarc*. Il n'est pas plus nécessaire de faire observer ici que tout ce qu'on a avancé dans cet ouvrage des mœurs & des coutumes de cet ancien peuple, se trouve confirmé par l'*Edda*, ou le sera par les pièces suivantes. On avoit promis des preuves, & l'on ose s'assurer que ceux qui auront lu avec attention l'un & l'autre ouvrage, conviendront qu'on a tenu scrupuleusement parole.

VINGT-NEUVIÈME

VINGT-NEUVIÈME FABLE.

Du voyage de Hermode aux enfers.

BALDER ayant ainsi péri, *Frigga* sa mère fit publier partout que celui des dieux qui voudroit aller aux enfers pour y chercher *Balder*, & offrir à la *Mort* la rançon qu'elle exigeroit pour le rendre à la vie, mériteroit tout son amour. *Hermode*, surnommé l'*Agile*, fils d'*Odin*, offrit de se charger de cette commission : il prit pour cela le cheval d'*Odin*, & l'ayant monté il partit. Pendant neuf jours & neuf nuits il voyagea dans des vallées profondes & si ténébreuses qu'il ne commença à voir où il alloit que quand il arriva au fleuve de *Giall*, qu'il passa sur un pont dont le toit étoit couvert d'or brillant. La garde de ce pont est confiée à une fille nommée *Guerrière audacieuse*. Quand elle vit *Hermode*, elle lui demanda son nom & sa famille, ajoutant que le jour précédent il avoit passé sur ce pont cinq escadrons de morts qui ne le faisoient pas autant trembler sous eux que lui seul ; & d'ailleurs, ajouta-t-elle, vous n'avez pas la couleur que doit avoir un mort : qu'allez-vous donc faire aux enfers ? *Hermode* répondit : je vais chercher *Balder*, ne l'as-tu pas vu passer par ici ? *Balder*, repliqua-t-elle, a passé sur ce pont ; mais le chemin des morts est là en bas vers le nord. *Hermode* continua donc sa route jusqu'à ce qu'il arriva vers la grille des enfers ; alors il descendit de cheval, lia sa selle pour l'affermir, & remontant piqua des deux ; aussitôt le cheval sauta par dessus la grille sans la toucher le moins du monde avec ses pieds. Etant entré il vit *Balder* son frère assis à la place la plus distinguée du palais, & il y passa la nuit. Le lendemain matin il pria *Hela (la mort)* de permettre que *Balder* s'en retournât avec lui, l'assurant que les dieux avoient tous été vivement affligés de sa mort. Mais *Hela* lui répondit qu'elle vouloit savoir s'il étoit vrai que *Balder* fût autant aimé de toutes les choses du monde qu'on le lui avoit dit ; qu'elle vouloit donc que toutes choses animées & inanimées pleurassent sa mort, que dans ce cas-là elle le renvoyeroit chez les dieux, & qu'au contraire elle le retiendroit si une seule chose refusoit de pleurer. Là-dessus *Hermode* se leva, & *Balder* le reconduisant hors du palais, & prenant son anneau d'or, il le lui remit pour qu'il le donnât à *Odin* en signe de souvenir. *Nanna* envoya aussi à *Frigga* un dé d'or & plusieurs autres présens. *Hermode* reprit donc le chemin d'*Asgard*, & y étant arrivé, il rapporta fidellement aux dieux tout ce qu'il avoit vu & entendu.

Les dieux envoyèrent donc des messagers par tout le monde, faisant prier qu'on voulût bien pleurer pour délivrer *Balder* des enfers. Toutes les choses s'y prêtèrent volontiers, les hommes, les bêtes, la terre, les pierres, les arbres, & les métaux; & quand toutes ces choses ensemble pleuroient, c'étoit comme lorsqu'il y a un dégel général. Les messagers reviennent alors comptant d'avoir bien fait leur commission; mais ils trouvèrent chemin faisant dans une caverne une magicienne qui se faisoit nommer *Thok*; les messagers l'ayant priée de vouloir bien aussi pleurer pour la délivrance de *Balder*, elle leur répondit par ces vers : « *Thok* pleurera d'un œil sec » le bucher de *Balder*; qu'*Hela* garde » sa proie ». On conjecture que cette magicienne doit avoir été *Loke* lui-même qui ne cessoit de faire du mal aux autres dieux. Il étoit cause que *Balder* avoit été tué; il le fut aussi de ce qu'on ne put le délivrer de la mort.

REMARQUES

Sur la vingt-neuvième Fable.

Balder n'ayant pas été tué en combattant, devoit aller, comme ceux qui meurent de maladie, dans le séjour de la mort. *Saxon le grammairien* raconte la même aventure avec quelques circonstances différentes. L. III. p. 43. *Loke* & *Hela* jouent ici très-bien leur rôle. Il n'est pas encore hors d'usage parmi le peuple du duché de *Sleswig*, s'il en faut croire *Arnkiel*, de personifier la mort, & de lui donner le nom de *Hell* ou *Hela*. Ainsi pour dire que la contagion est dans un lieu, on dit que *Hela* s'y promène, que *Hela* y est arrivée; & qu'un homme a fait accord avec *Hela* lorsqu'il est relevé d'une maladie qu'on jugeoit mortelle. C'est du même mot qu'est encore emprunté celui qui désigne l'enfer dans les langues du Nord & de l'Allemagne. Voy. *Arnkiel in Cimbria*, c. 9. §. 2. p. 55. *Keysl.* Antiq. p. 180.

TRENTIÈME FABLE.

Fuite de Loke.

ENFIN les dieux étant extrêmement irrités contre *Loke*, il fut obligé de s'enfuir, & il se cacha dans une montagne, où il bâtit une maison ouverte de quatre côtés, d'où il pouvoit voir ce qui se passoit par tout le monde. Souvent il se cachoit au milieu du jour sous la forme d'un saumon dans les eaux d'un fleuve, & là il s'occupoit à deviner & à prévenir les stratagêmes que les dieux pouvoient employer pour le prendre dans ce fleuve. Un jour comme il étoit dans sa maison, il prit du fil & en forma des rets, tels que ceux que les pêcheurs ont ensuite inventés : cependant *Odin* ayant vu du haut de sa sublime guérite le lieu où s'étoit retiré *Loke*, s'y rendit avec les autres dieux. Mais *Loke* ayant découvert leur marche jeta promptement son filet dans le feu, & courut se cacher dans la rivière. Les dieux s'étant approchés, *Kuaser* qui étoit le plus pénétrant de tous démêla dans la cendre chaude les vestiges du filet brûlé, & comprit par-là l'invention de *Loke*. Ayant fait remarquer la chose aux autres dieux, ils se mirent à faire un filet sur le modèle qu'ils voyoient empreint dans les cendres, & le jetèrent dans l'eau du fleuve où *Loke* se tenoit caché : *Thor* tenoit un des bouts du filet, & tous les dieux ensemble tenoient l'autre, le tirant ainsi de concert le long du fleuve. Cependant *Loke* se cachant entre deux pierres, les rets passèrent dessus lui sans le prendre, & les dieux sentirent seulement que quelque chose de vivant avoit touché le filet. Ils le jetèrent donc une seconde fois, après y avoir attaché un si grand poids qu'il rasoit partout le fond de l'eau ; mais *Loke* se sauva en remontant promptement à fleur d'eau, & en se replongeant ensuite dans un endroit où le fleuve formoit une cataracte. Les dieux allèrent donc de nouveau vers cet endroit-là, & se partagèrent en deux bandes : *Thor* marchant dans l'eau suivoit le filet, qu'ils traînèrent ainsi jusqu'aux rivages de la mer. Alors *Loke* sentit le danger qui le menaçoit, soit qu'il se sauvât dans la mer, soit qu'il voulût échapper au filet ; cependant il prit ce dernier parti, & sauta de toutes ses forces par dessus le filet : mais *Thor* courant après lui le prit dans sa main; malgré cela, comme il étoit extrêmement glissant, il lui eut sans doute échappé, si *Thor* ne l'eût arrêté par la queue; & c'est la raison pour laquelle les saumons ont depuis ce temps-là cette partie du corps si mince.

TRENTE-UNIÈME FABLE.

De la punition de Loke.

LOKE ayant été ainsi pris, on le traîna dans une caverne sans miséricorde. Les dieux se saisirent aussi de ses fils : le premier ayant été changé en bête féroce par les dieux déchira & dévora son frère. Les dieux firent de ses intestins des chaînes à *Loke*, le liant à trois pierres aiguës dont l'une lui pressoit les épaules, l'autre les côtés, la troisième les jarrets : & ces liens furent ensuite changés en chaînes de fer. *Skada* suspendit de plus sur sa tête un serpent dont le venin lui tombe goutte à goutte sur le visage. Cependant sa femme *Signie* est assise à côté de lui, & reçoit ces gouttes dans un bassin qu'elle va vuider lorsqu'il est rempli : durant cet intervalle le venin tombe sur *Loke*, ce qui le fait hurler & frémir avec tant de force que toute la terre en est ébranlée, & c'est ce qu'on appelle parmi les hommes tremblement de terre ; il restera là dans les fers jusques au jour des ténèbres des dieux.

ёou Mythol. Celtique. 225

REMARQUES

Sur la trente-unième Fable.

Loke ayant enfin laſſé la patience des dieux, ils ſe ſaiſiſſent de lui & le puniſſent. Le fonds de cette idée a appartenu à preſque tous les anciens peuples, mais chacun l'a ornée ou altérée à ſa manière. On ne peut douter que nos Scandinaves n'ayent apporté de l'Aſie une croyance qui paroît y avoir été répandue très-anciennement. Dans le livre de la prétendue prophétie de *Henoc* on trouve des détails très-reſſemblans à ce que nous liſons ici. Les anges révoltés ne ceſſant de cauſer mille déſordres, Dieu ordonna à l'archange *Raphaël* de lier les mains & les pieds à un des principaux d'entr'eux nommé *Azael*, de le jeter dans un endroit obſcur du déſert, & de l'y tenir attaché ſur des pierres pointues juſqu'au dernier jour. On peut conjecturer auſſi ſans témérité que les fables de *Prométhée*, de *Typhon*, d'*Encelade* tiennent à la même origine, mais à quoi la faut-il attribuer ? Il me paroît vraiſemblable que ce qui a dû le plus contribuer à faire inventer, ou du moins à accréditer, & à répandre cette opinion ſi générale des combats des géans contre les dieux, ou des puiſſances ennemies de la nature contre celles qui la conſervent, c'eſt

K v

le phénomène des volcans. On me permettra de développer ici cette conjecture.

Plus les naturalistes & les voyageurs nous font connoître le globe que nous habitons, & plus le nombre des volcans éteints ou brûlans semble se multiplier. Il n'y a pas un grand nombre d'années ʠ'on ne parloit en Europe que des volcans d'Italie & d'Islande. Dans nos contrées les mieux connues on marchoit, on semoit, on moissonnoit sur des volcans, on bâtissoit avec leurs débris sans s'en douter. Aujourd'hui tout le monde reconnoît des volcans éteints dans la plus grande partie de l'Europe, & sans entrer à ce sujet dans des détails qui me conduiroient trop loin, je me contenterai d'observer qu'on en trouve dans une grande partie de l'Italie, dans la Sicile, la Grèce, l'Asie mineure, la Provence, le Vivarais, l'Auvergne. Il est très-probable qu'il y en a eu Espagne & en Portugal. Et cela est certain pour une partie de l'Allemagne, pour les bords du Rhin depuis le pays de Bade jusqu'en Westphalie, & depuis la Hesse jusqu'en Bohême.

Les côtes occidentales de l'Ecosse & les isles qui les bordent, quelques parties de celles d'Irlande en portent aussi des traces indubitables. On a cru en appercevoir dans les montagnes de Norvège. Les volcans de l'Islande sont connus. Ceux de la Grœnlande le sont moins, mais leur existence est plus que probable. Des navigateurs croyent en avoir vu dans le Spitzberg. Si delà nous passons dans les pays d'où l'on suppose que sont sorties les colonies qui ont peuplé le nord de l'Europe, nous trouverons aussi qu'ils doivent avoir eu leurs volcans comme les autres. Il y en avoit eu dans la Phrygie, dans l'Asie mineure, l'Arménie, le voisinage de la mer Caspienne, & dans diverses provinces de Perse.

Faut-il croire que tous ces volcans ayent brûlé dans des déserts sans spectateurs, ou dans le sein des mers ? C'est ce qui ne paroît guères vraisemblable, si l'on considère l'ancienneté de la population de notre terre, & la nature des débris de plusieurs de ces volcans; débris qui dans plusieurs ne paroissent pas être l'ouvrage d'éruptions extrêmement anciennes.

Mais si ces éruptions ont eu des hommes pour témoins, quelle impression profonde n'a pas dû faire dans leur esprit un spectacle si effrayant & si magnifique ? Et comment les hommes qui ont conservé des traditions de tant d'autres événemens moins étonnans, de quelques déluges particuliers, par exemple, n'auroient-ils pas transmis à leur postérité le souvenir de celui de tous les phénomènes de la nature dont ils avoient dû être le plus frappés ?

Ils l'ont fait sans-doute, mais conformément au génie des premiers peuples, qui, comme cela devient tous les jours plus évident par l'étude des monumens anciens, personnifioit tous les phénomènes, toutes les opérations de la nature, & parloit toujours par préférence un langage figuré & allégorique. Et comment des hommes simples & ignorans eussent-ils pu peindre ce qu'ils ne connoissoient pas, qu'avec le secours des images des choses qui leur étoient déjà connues ? Comment, ainsi que le font les enfans, n'auroient-ils pas prêté une vie, une volonté, des passions semblables aux nôtres à toutes les causes des phénomènes dont ils étoient frappés. Les volcans faisoient du mal sur la terre, donc ils étoient des ennemis des hommes ; ils lançoient des torrens de feu, de laves & de rochers contre le ciel ; ils étoient donc ennemis des dieux, ils attaquoient le ciel où les dieux habitent. Ils entassoient *Ossa* sur *Pelion*, ils avoient cent mains pour lancer des rochers. Qui méconnoîtroit ici les volcans ? Mais après avoir épuisé leur fureur, ces feux semblent rentrer dans le sein des montagnes qui les ont vomis ; là ils restent quelque temps dans une espèce d'inaction : pourquoi cela, si ce n'est parce que les dieux ont vaincu les géans, & les ont enfermés sous des rochers. Ils n'y sont point détruits cependant, ils y frémissent de rage, & ces frémissemens sont les tremblemens de terre qu'il falloit aussi expliquer. Et puisqu'ils s'agitent encore, puisque leurs feux s'échappent par intervalles, il est bien à craindre qu'ils ne se réveillent encore un jour, & ne se réunissent pour détruire le monde. Cette idée est encore très-naturelle, car l'homme est porté naturellement dans une partie trop considérable de son existence à concevoir des idées de crainte, de défiance, & de dangers. Mais comment les dieux avoient-ils combattu & vaincu ces génies & ces géans ?

C'étoit la foudre à la main; c'étoit avec cette arme redoutable que *Jupiter* & *Hercule* dans le midi, & le dieu *Thor* dans le nord, les avoient domptés & les terraſſoient encore, & c'eſt évidemment là une autre idée empruntée de ce qu'on obſerve dans les grandes éruptions des volcans. On y voit en effet des eſpèces d'éclairs tels que ceux qui accompagnent la foudre. Le chevalier *Hamilton* à qui l'on doit une deſcription ſi exacte de ce phénomène en parle comme témoin dans ſa deſcription de l'éruption du Véſuve en 1779. " Le nuage qui s'élevoit du cratère, dit-il, " étoit chargé de matière électrique qui y " ſerpentoit ſans ceſſe en forme d'éclairs forts & brillans. " *Pline* le jeune avoit obſervé la même choſe dans la lettre où il décrit la fameuſe éruption de ſon temps. *Nubes rupta in longas flammarum figuras dehiscebat fulgoribus ſimiles & majores.* On appelle à Naples ces foudres volcaniques *Ferilli*. Il ſeroit aiſé de confirmer cette conjecture par divers exemples. La crainte de donner trop d'étendue à une note déjà trop longue m'oblige à indiquer ſeulement celui de la fable de *Cacus* telle qu'elle eſt racontée dans l'Enéide. Elle prouve l'uſage ancien de repréſenter les volcans ſous l'image de géans & de les mettre aux priſes avec les dieux. *Cacus* fils de *Vulcain* étoit un géant qui habitoit une caverne du mont Aventin, l'une des collines ſur leſquelles l'ancienne Rome étoit bâtie, & qui malgré le cours de tant de ſiècles porte encore des empreintes d'un feu volcanique qui ne peuvent paroître douteuses à des yeux exercés. *Hercule en passant dans cette contrée attaqua ce monstre qui vomit envain des torrens de feu pour se défendre. Le dieu prit ses armes & en particulier le chêne noueux qui lui servoit de massue, il découvrit Cacus dans sa caverne, & il l'y étouffa de ses mains.*

Rapit arma manu, nodisque gravatum,
Robur...
Ille autem... (Cacus)
Faucibus ingentem fumum, mirabile dictu
Evomit, involvitque domum caligine cæcâ
Prospectum eripiens oculis, glomeratque sub antro
Fumiferam noctem, commistis igne tenebris,
Hic Cacum in tenebris incendia vana vomentem
Corripit......

Le mot de *Cacus* se rapproche beaucoup de celui de *Caous* qui désigne encore aujourd'hui chez les Persans des géans ou des génies malfaisans, & le mot de *Caucase* ne veut peut-être dire autre chose que séjour de ces géans, comme celui de *Titan* signifie en Celtique *maison de feu.*

TRENTE-DEUXIÈME FABLE.

Du crépuscule des Dieux.

GANGLER dit alors : que pouvez-vous m'apprendre de ce jour-là ? *Har* lui répondit : il y a beaucoup de choses & de grandes choses à vous en dire. Premièrement viendra le grand hiver pendant lequel la neige tombera des quatre coins du monde. La gelée sera forte, la tempête violente & dangereuse, & le soleil cachera son éclat. Trois hivers pareils se suivront, sans qu'aucun été les tempère. Trois autres se passeront aussi pendant lesquels le monde entier sera en guerre & en discorde; les frères se tueront les uns les autres par méchanceté, personne n'épargnera son père, ou son fils, ou ses autres parens : voici ce qu'en dit la *Voluspa* : « Les frères se tueront
» les uns les autres, & deviendront
» meurtriers. Les parens oublieront les
» droits du sang; la vie sera à charge,
» on ne verra qu'adultères. Age barbare!
» âge d'épée! âge de tempêtes! âge de
» loups! les boucliers seront mis en
» pièces; & les malheurs se suivront

» jusqu'à la chûte du monde ». Alors il se passera des choses qu'on peut appeler des prodiges. Le loup *Fenris* dévorera le soleil, ce que tous les hommes regarderont comme une grande perte. Un autre monstre emportera la lune, & la rendra entièrement inutile ; les étoiles s'évanouiront dans le ciel : on apprendra alors que la terre & les montagnes sont violemment ébranlées ; on verra les arbres arrachés de la terre, les montagnes chancelantes s'écrouler, tous les liens & les fers des prisonniers rompus & mis en pièces. Alors le loup *Fenris* est lâché ; la mer s'élance sur la terre, parce que le grand serpent se changeant en spectre gagne le rivage. Le vaisseau nommé *Naglefare* est mis à flot ; ce vaisseau est fait des ongles des hommes morts ; c'est pourquoi l'on doit prendre garde à ne pas mourir sans se faire les ongles ; car, un homme qui meurt ainsi fournit de la matière pour la construction de ce vaisseau que les dieux & les hommes voudroient bien ne voir achevé que fort tard. Le pilote de ce vaisseau que la mer débordée entraîne se nomme le géant *Rymer*. Le loup *Fenris* s'avance ouvrant sa gueule énorme, sa machoire d'en-bas touche la terre, celle d'en-haut s'étend jusqu'au Ciel, & iroit plus loin encore s'il y avoit place : le feu fort brulant de ses yeux & de ses naseaux ; le grand serpent vomit des flots de venin qui inondent l'air & l'eau. Ce monstre épouvantable se tient à côté du loup. Dans ce tumulte le ciel se fend, & par cette ouverture les génies du feu entrent à cheval ; *Surtur* est à leur tête ; devant & après lui un feu ardent étincelle, son épée brille plus que le soleil même ; l'armée de ces génies passant à cheval sur le pont du ciel le met en pièces ; de-là ils se rendent dans une plaine où ils sont joints par le loup *Fenris* & le grand serpent. Là se trouve aussi *Loke*, & le géant *Rymer*, & avec eux tous les géans de la gelée qui suivent *Loke* jusqu'à sa mort. Les génies du feu marchent les premiers en ordre de bataille, formant un escadron très-brillant dans cette plaine qui a en tout sens cent mille pas d'étendue. Cependant durant ces prodiges, *Heimdal* le huissier des dieux se lève, il souffle avec force dans sa trompette pour réveiller les dieux, qui s'assemblent aussitôt. Alors *Odin* s'en va à la fontaine de *Mimis* pour lui demander conseil sur ce qu'il doit faire, lui & son armée. Le grand frêne d'*Ygdrasil* est agité, & il n'y a rien dans le ciel & sur la terre qui soit exempt de crainte & de danger. Les dieux s'arment, *Odin* se couvre d'un casque d'or, & d'une brillante cuirasse ; il prend son épée & marche droit au loup *Fenris*. Il a *Thor* à ses côtés, mais ce dieu ne peut le secourir, car lui-même combat contre le grand serpent. *Frey* tient tête à *Surtur*, & de part & d'autre on se porte de grands coups, jusqu'à ce que *Frey* soit abattu, & la cause de sa défaite, c'est qu'il a donné autrefois son épée à son écuyer *Skyrner*. Ce jour-là est aussi lâché le chien nommé *Garme* qui avoit été attaché à l'entrée d'une caverne ; c'est un monstre redoutable pour les dieux, il attaque *Tyr*, & ils se tuent tous les deux. *Thor* terrasse le grand serpent, mais en même temps il recule de neuf pas, & tombe mort par terre étouffé par les flots de venin que ce serpent vomit sur lui. Le loup *Fenris* dévore *Odin*, & c'est ainsi que ce dieu périt. Au moment même *Vidar* s'avance, & appuyant son pied sur la machoire inférieure du monstre, il prend l'autre de sa main & le déchire ainsi jusqu'à ce qu'il meure. *Loke* & *Heimdal* se battent & se terrassent l'un l'autre : après cela *Surtur* lance des feux sur toute la terre, & le monde entier est bientôt consumé. Voici comment cela est raconté dans la *Voluspa* : « *Heimdal* » élève sa trompette recourbée, & la fait » retentir. *Odin* consulte la tête de *Mimis*; » le grand frêne, ce frêne sublime & » fécond s'agite avec violence & mugit. » Le géant rompt ses fers. Qu'est-ce qui » se passe chez les dieux ? Qu'est-ce qui » se passe chez les génies ? La terre des » géans est remplie de tumulte : les » dieux se réunissent & s'assemblent. Les » nains soupirent & gémissent devant les » portes de leurs cavernes. O vous ! habi- » tans des montagnes, savez-vous s'il » subsistera encore quelque chose ?

TRENTE-TROISIÈME FABLE.

Des suites de l'embrasement du monde.

GANGLER entendant cela demande: qu'est-ce qui restera après que le monde aura été brûlé, & que les dieux, les héros & les hommes auront péri? Car je vous ai entendu dire, ajoute-t-il, que les hommes devoient vivre toujours dans un autre monde. *Tredie* lui répondit: il y aura après tous ces prodiges plusieurs demeures agréables, & plusieurs mauvaises; mais la meilleure maison de toutes, ce sera *Gimle* (*le ciel*), où l'on pourra avoir toutes sortes de boissons dans la salle nommée *Brymer*, (1) située dans le pays de *Okolm*. C'est aussi un agréable palais que celui qui est sur les montagnes d'*Inda*, & qui est bâti d'un or brillant. Ce sera dans ce palais que demeureront les hommes bons & justes. Dans *Nastrande* (*le rivage des morts*) il y a un bâtiment vaste & infame, dont la porte est tournée contre le Nord, qui n'est construit que de cadavres de serpens, dont toutes les têtes sont tournées vers l'intérieur de la maison; ils y vomissent tant de venin qu'il s'en forme un long fleuve empoisonné ; c'est dans ce fleuve que flottent les parjures & les meurtriers, comme il est dit dans ces vers de la *Voluspa* : « Je sais qu'il y a dans « *Nastrand* une demeure éloignée du » soleil dont les portes regardent le » Nord ; des goutes de venin y pleuvent » par les fenêtres ; elle est construite de » cadavres de serpens : là dans des » fleuves rapides nagent les parjures, » les assassins, & ceux qui cherchent à » séduire les femmes d'autrui. Dans un » autre lieu leur condition est pire en- » core, car un loup, un monstre dévo- » rant, y tourmente les corps qui y sont » envoyés (2). » *Gangler* prend la parole, & dit : quels seront donc les dieux qui survivront ? mourront-ils tous, & n'y aura-t-il pas encore un ciel & une terre ? *Har* lui répondit : il sortira de la mer une autre terre belle & agréable, couverte de verdure & de champs, où le grain croîtra de lui-même & sans qu'on le sème. *Vidar* & *Vale* vivront aussi, parce que ni l'inondation, ni le noir incendie ne leur auront fait du mal ; ils habiteront dans les plaines d'*Inda*, où étoit auparavant la demeure des dieux : là se rendent les fils de *Thor*, *Mode* & *Magne*, là viennent aussi *Balder* & *Hoder* du séjour des morts. Ils se placent & s'entretiennent ensemble, se rappelant les adversités qu'ils ont essuyées. On trouve ensuite dans l'herbe les dés d'or dont les dieux s'étoient servis auparavant. Cependant tandis que le feu dévoroit tout, deux personnes de l'espèce humaine s'étoient cachées sous une colline, c'étoit un homme & une femme qui s'appeloient *Lif* & *Lifthraser*; ils se nourrissent tous les deux de rosée, & produisent une si nombreuse postérité que la terre est bientôt couverte de nouveaux habitans. Ce qui vous paroîtra bien merveilleux encore, c'est que *Sunna* (*le soleil*) avant que d'être dévoré par le loup *Fenris*, aura produit une fille aussi belle & aussi brillante qu'elle même, qui marchera dans la route décrite autrefois par sa mère, comme cela est dit dans ces vers: *le roi brillant du feu engendrera une fille unique avant que d'être englouti par le loup; cette fille suivra les traces de sa mère après la mort des dieux* (3). A présent, continue *Har*, si vous voulez me faire de nouvelles questions, je ne sais qui pourra y répondre, puisque je n'ai pas ouï dire que personne puisse vous raconter ce qui se passera dans les autres âges du monde : je vous conseille donc de vous contenter de ma relation, & de la garder dans votre mémoire. Là dessus *Gangler* entend de tous côtés autour de lui un bruit terrible ; il regarde partout, mais il n'apperçoit rien qu'une vaste plaine ; il se met donc en chemin pour s'en retourner dans ses états, où il raconte tout ce qu'il a vu & entendu : & depuis ce temps-là ce récit est passé de bouche en bouche parmi les peuples (4).

REMARQUES

Sur les deux dernières Fables.

Quand même l'*Edda* n'auroit d'autre mérite que d'être le seul livre qui nous apprenne ce qu'ont pensé les Celtes sur l'important sujet d'une vie à venir, il mériteroit d'être préservé de l'oubli. En effet il prête par-là une lumière nouvelle & inattendue à l'histoire; soit à celle qui s'occupe principalement des faits, soit à celle qui se plaît davantage à considérer les diverses révolutions des mœurs & des opinions. Ceux qui n'aiment que ce premier genre trouveront dans ces dernières fables le principe de cette valeur fanatique qui anima les destructeurs de l'Empire Romain, & les conquérans de la meilleure partie de l'Europe. Ceux qui s'intéressent plus au second ne verront pas sans plaisir & sans surprise des peuples qu'on n'a cru que barbares, s'occuper de recherches & de méditations sublimes, autant que les nations fameuses qui s'arrogeoient le privilége exclusif du savoir & de la raison.

J'ai dit que la nature étoit, suivant la pensée des Celtes, dans un état de combat & de travail continuels : sa vigueur se consumoit ainsi peu à peu, & son dépérissement devoit de jour en jour se rendre plus sensible. Enfin le dérangement des saisons, un hiver long & extraordinaire, seront les dernières marques de sa caducité. Le monde moral ne sera pas moins troublé que le physique : la nature agonisante ne parlera plus aux hommes ; ses sentimens affoiblis, éteints avec elle laisseront leurs cœurs en proie aux passions les plus déréglées. Alors toutes les puissances ennemies que les dieux tenoient enchaînées avec beaucoup de peine, rompant leurs fers, achèveront de plonger l'Univers dans la confusion. En vain les dieux seront soutenus de l'armée des guerriers du *Valhalla*, ils n'en périront pas moins en détruisant leurs ennemis, c'est-à-dire, que dans ce jour les divinités inférieures, soit bonnes, soit mauvaises, retomberont en combattant dans le sein de la grande divinité d'où toutes choses sont émanées, & qui survit à toutes choses. Après cela le monde devient la proie des flammes destinées plutôt à le purifier qu'à le détruire, puisqu'il reparoît dans la suite plus beau, plus agréable & plus fécond. Telle est en peu de mots la doctrine de l'*Edda* dépouillée des ornemens poétiques, & des images allégoriques qui lui sont accessoires. On a pu entrevoir que le poëme nommé *Voluspa* a été le texte dont cette fable est le commentaire. Les mêmes idées se trouvent en effet dans cette ancienne poésie, mais exprimées avec plus de pompe & de force. On en verra peut-être avec plaisir les traits suivans rendus presque mot à mot d'après la traduction de *Bartholin*.

Le géant Rymer arrive d'Orient porté sur un char : la mer s'enfle, le grand serpent se roule dans les eaux avec fureur, & sou-

lève la mer : l'aigle dévore en criant les corps morts, le vaisseau des dieux est mis à flot.

L'armée des mauvais génies arrive d'Orient sur ce vaisseau. C'est Loke qui les conduit. Leurs troupes furieuses marchent escortées du loup Fenris, Loke paroît avec eux.

Le noir prince des génies du feu sort du Midi entouré de flammes : les épées des dieux sont rayonnantes comme le soleil. Les rochers ébranlés vont tomber ; les géantes errent éplorées ; les hommes suivent en foule les sentiers de la mort : le ciel est fendu.

Nouvelle douleur pour la déesse qui défend Odin ! Odin s'avance contre Fenris, le dieu Frey contre le prince des génies du feu. Bientôt l'époux de Frigga est abattu.

Vidar l'illustre fils d'Odin court venger la mort de son pere. Il attaque le monstre auteur du meurtre, ce monstre né d'un géant, & de son épée il lui perce le cœur.

Le soleil se noircit, la mer inonde la terre, les brillantes étoiles s'évanouissent, le feu exerce sa rage, les âges tendent à leur fin, la flamme s'étend & s'élève jusqu'au ciel.

Je pourrois citer encore plusieurs autres pieces de poésie qui montreroient que les Scandinaves avoient l'esprit rempli de toutes ces prophéties, & qu'ils leur donnoient un très-grand poids ; mais les lecteurs qui craignent de trop grands détails aimeront mieux m'en croire sur ma parole : il sera plus important de remarquer, 1°. que cette doctrine des théologiens du Nord étoit la même que celle des druides Gaulois & Bretons. Les druides croyent, disoit Strabon, *que quoique le monde soit incorruptible le feu & l'eau y prendront cependant un jour le dessus*, (L. 4.) c'est-à-dire, qu'il devoit subir une grande catastrophe causée par ces élémens qui le renouvelleroient sans le détruire. 2°. Tout ce qu'on vient de lire dans l'*Edda* n'est presque autre chose que la doctrine de *Zénon* & des Stoïciens. Ce rapport singulier n'a jamais été approfondi, & mérite de l'être.

Tous les anciens nous apprennent que la philosophie du portique établissoit une divinité éternelle, répandue dans toutes les parties du monde, & qui étoit l'ame & le moteur universel de la matière. De cette divinité étoient émanées, avec le monde, des intelligences destinées à le gouverner sous ses ordres, & qui devoient subir les mêmes révolutions que lui au jour fixé pour le renouvellement de cet Univers. Le feu caché dans les veines de la terre en consumoit sans cesse l'humidité & devoit enfin l'embraser entièrement. *Un temps arrivera*, dit Sénèque, *où le monde prêt à se renouveller sera enflammé, où les forces opposées se détruiront en se combattant, où les étoiles iront heurter les étoiles, & où tout l'Univers précipité dans le même feu sera brûlé*. (Senec. Consol. ad Marciam c. ult.) Ce bouleversement devoit être précédé d'une inondation, & à cet égard l'*Edda* s'accorde encore très-bien avec *Zénon*; Sénèque traite au long de ce déluge futur dans ses *Questions naturelles*. L. 3. c. 29. Il devoit, dit-il, contribuer à purifier la terre préparée pour de nouveaux habitans, plus vertueux & plus innocens que nous.

Mais c'étoit sur l'embrasement du monde que les Stoïciens insistoient le plus. On connoît ces vers de *Lucain* parent des *Sénèques* :

> *Hos populos si nunc non usserit ignis,*
> *Uret cum terris, uret cum gurgite ponti,*
> *Communis mundo superest rogus.....*

C'est-à-dire : *Si ce n'est pas à présent que ces peuples doivent périr par le feu, ce sera au jour où il consumera la terre, & les gouffres même de la mer. Un bucher est destiné au monde entier.*

Mais la preuve la plus forte de l'identité des deux systêmes, c'est que cette destruction du monde entraînoit celle des dieux, c'est-à-dire, des divinités créées, ou inférieures. C'est ce que *Sénèque le Tragique* exprime dans les vers suivans d'une manière qui n'a rien d'équivoque :

> *Jam jam legibus obrutis*
> *Mundo cum veniet dies,*
> *Australis polus obruet*
> *Quicquid per Libyam jacet....*
> *Arctous polus obruet,*
> *Quicquid subjacet axibus :*
> *Amissum trepidus polo*
> *Titan excutiet diem,*
> *Cæli regia concidens*

Ortus atque obitus trahet,
Atque OMNES PARITER DEOS
PERDET MORS ALIQUA, & chaos,
&c.

C'est-à-dire : *lorsque les loix de la nature seront ensevelies, & que le jour du monde arrivera, le pôle du midi écrasera, en tombant, les régions de la Lybie ; le pôle du nord s'écroulera sur les pays qu'il couvre ; le soleil épouvanté perdra son éclat ; le palais des cieux tombera, & sa chute produira à la fois la vie & la mort. TOUS LES DIEUX PÉRIRONT AUSSI PAR QUELQUE CAUSE, & rentreront dans le chaos*, &c. (*Senec. Hercul.* v. 1112.) Sénèque explique dans un autre endroit cette mort des dieux. Ils n'étoient point détruits proprement, mais ils se réunissoient en se résolvant dans l'ame du monde, en se fondant dans cette intelligence de feu, dans ce principe éternel & universel dont ils étoient émanés. C'étoit sans doute aussi dans ce sens que nos philosophes du nord prenoient la chose : l'analogie nous autorise d'autant plus à suppléer cette circonstance, que les poëtes ont toujours été plus occupés du soin d'embellir les dogmes reçus que de celui de les exposer avec clarté. Enfin ce qui doit rendre ce parallèle complet & frappant, c'est que dans l'école du Portique, comme dans les prophéties des Islandois, la scène effrayante qu'on vient de voir étoit suivie d'une nouvelle création représentée encore de part & d'autre avec les mêmes traits.

Le monde étant résolu, dit *Sénèque*, & rentré dans le sein de *Jupiter*, ce dieu se concentre quelque temps en lui-même, & se cache, uniquement attentif à ses propres pensées : ensuite on voit naître de lui un nouveau monde, parfait en toutes ses parties ; les animaux naissent de nouveau, des hommes innocens sont produits sous de meilleurs auspices, pour peupler cette terre digne séjour de la vertu : tout reprend, en un mot, une face plus riante & plus belle. (*Voyez Senec. Epist. 9. & Quæst. nat. l. 3. c. ult.*

L'*Edda* vient de nous faire en d'autres termes les mêmes descriptions. Elles se trouvent aussi dans le poëme de la *Voluspa* dont j'ai cité plus haut quelques strophes : en voici encore quelques-unes où l'on reconnoîtra aisément les mêmes dogmes.

Alors (c'est-à-dire, après la mort des dieux, & l'embrasement du monde) *on voit ressortir du sein des flots la terre couverte d'une agréable verdure. Les eaux se retirent : l'aigle vole déjà librement, & prend des poissons sur le sommet des montagnes.*

Les champs portent des fruits sans culture, les maux sont bannis du monde. Balder & son frère, ces dieux guerriers, reviennent habiter les palais démolis d'Odin. Savez-vous ce qui se passe alors ?

Les dieux s'assemblent dans les campagnes d'Ida, ils s'entretiennent des palais célestes dont ils voyent les ruines : ils se rappellent leurs précédentes conversations, & les anciens discours d'Odin.

Un palais plus brillant que le soleil se découvre, il est orné d'un toit d'or : c'est-là que le peuple des gens de bien habitera, & se livrera à la joie durant tous les âges.

Il y a loin assurément de la Scandinavie jusqu'aux lieux où la philosophie stoïque avoit cours ; cette distance étoit même bien plus grande autrefois que dans ces derniers âges où le commerce & les livres prêtent des ailes aux opinions, pour se répandre partout en un instant. D'un autre côté le système dont il est ici question n'est pas de ceux que tout homme qui pense imagine aisément. Il paroît donc vraisemblable que tous ceux qui l'ont adopté l'ont reçu de la même main, je veux dire des philosophes orientaux, particulièrement des Perses ; & l'histoire me paroît favoriser cette conjecture. On sait que nos Scandinaves sont venus de quelque contrée de l'Asie. *Zénon* né en *Chypre* de parens Phéniciens avoit probablement emprunté des philosophes orientaux les principaux points de sa doctrine. Cette doctrine étoit à beaucoup d'égards la même que celle des mages. *Zoroastre* avoit enseigné que le combat d'*Orosmade* & d'*Arimane*, c'est-à-dire, de la lumière & des ténèbres, du bon & du mauvais principe, dureroit jusqu'au dernier jour, qu'alors le bon principe se réuniroit au Dieu suprême dont il étoit émané, que le mauvais seroit vaincu, assujetti, que les ténèbres seroient détruites, & que le monde purifié par un incendie universel, deviendroit une demeure lumineuse où le mal ne trouveroit plus d'entrée. (Voyez *Brucker* Hist. Crit. Philos. T. I. L. 2. c. 3.

Les arts, les sciences, la philosophie avoient autrefois leur progression de l'orient à l'occident. Plusieurs siècles avant qu'*Odin* se rendît de la Scythie Asiatique dans le nord, le dogme du renouvellement du monde avoit déjà passé chez quelques peuples Celtes. *Orphée* l'avoit enseigné chez les *Thraces*, au rapport de *Plutarque* & de *Clément d'Alexandrie*, & l'on en trouve des vestiges dans les vers qui lui sont attribués. Les Grecs & les Romains en avoient aussi quelque idée, mais la plupart n'embrassoient point le tronc entier du système, se contentant d'en détacher ce qui regardoit l'embrasement du monde, pour en augmenter l'assemblage bisarre & confus de leurs opinions religieuses.

Je ne puis finir cette note sans en justifier la longueur; un mot suffira pour cela. Différens points de la doctrine que je viens d'y exposer d'après l'*Edda* ont été consacrés par la révélation. Il ne sera pas inutile d'avoir sous les yeux les passages qui en font foi. Voici les principaux : *les cieux & la terre qui sont maintenant, sont réservés pour le feu au jour du jugement.* (St. Pierre II. Ep. c. 3. v. 1.) *Ce jour-là les cieux passeront avec un bruit effrayant de tempête, les élémens embrasés se dissoudront, la terre sera brûlée avec tout ce qu'elle contient.* (v. 10.) *Mais nous attendons ensuite de nouveaux cieux*

& une nouvelle terre où la justice habite. (v. 13.) Au dernier jour plusieurs seront scandalisés, se trahiront l'un l'autre, & se hairont. (St. Math. c. 24. v. 10.) L'iniquité sera multipliée, & la charité se refroidira, (v. 12.) Et aussitôt après l'affliction de ces jours-là, le soleil deviendra obscur, & la lune ne donnera point sa lumière, les étoiles tomberont du ciel, & les vertus des cieux seront ébranlées. (St. Marc. c. 13. v. 25.) Il y aura des signes dans le soleil, dans la lune & dans les étoiles ; les nations seront plongées dans une telle douleur qu'on ne saura que devenir sur la terre : la mer & les ondes mugiront, desorte que les hommes seront consternés & abattus par la crainte. (Evang. s. St. Luc. c. 21. v. 25 & 26.) Le livre de l'*Apocalypse* ajoute à ces traits de nouveaux détails. *Alors* (c'est-à-dire, au jour de la colère de Dieu) *il se fit un grand tremblement de terre, & le soleil devint noir comme un sac fait de poil, & la lune parut ensanglantée.* (Apocal. c. 6. v. 12.) *Les étoiles du ciel tombèrent sur la terre ; le ciel se retira comme un livre qu'on roule, & toutes les montagnes & les isles furent remuées de leurs places.* (v. 13. 14.) *Et il y eut une bataille au ciel : Michel & ses anges combattoient contre le dragon, & le dragon & ses anges combattoient. Mais ils ne furent pas les plus forts, & leur place ne fut plus trouvée dans le ciel.* (c. 12. v. 7 & 8.) *Et le grand dragon, le serpent ancien, appelé le diable & satan, qui séduit le monde, fut précipité sur la*

L v

terre, & ses anges avec lui. (v. 9.) Alors j'ouïs une grande voix dans le ciel qui disoit: maintenant est le salut, & la force, & le règne de notre Dieu, & la puissance de son Christ: car l'accusateur de nos frères, celui qui les accusoit devant notre Dieu jour & nuit, a été précipité: (v. 10.) Après cela, je vis descendre du ciel un ange qui avoit la clef de l'abyme, & une grande chaîne en sa main, lequel saisit le dragon, le serpent ancien, & le lia, & je vis les ames de ceux qui avoient été décapités pour le témoignage de Jesus, & pour la parole de Dieu, lesquels devoient vivre & régner avec Christ... (c. 20. v. 1. 2. 4.) Ensuite je vis un nouveau ciel & une nouvelle terre, car le premier ciel & la première terre s'en étoient allés, & la mer n'étoit plus. (c. 21. v. 1.) Et Dieu essuyera en ce jour toutes larmes des yeux des hommes, & la mort ne sera plus, & il n'y aura plus ni deuil, ni cri, ni travail. (v. 4.) Et la muraille de la grande cité, de la sainte Jérusalem étoit de jaspe, mais la cité étoit d'or pur. (v. 18.) Elle n'a besoin ni du soleil ni de la lune pour l'éclairer, car la clarté de Dieu l'illumine, & il n'y aura aucune chose souillée. (v. 26.)

Après ces observations générales, il ne me reste plus qu'à éclaircir quelques endroits de la dernière fable de cette partie de l'*Edda*.

(1) *Dans la salle nommée Brymer*] Brymer est selon la force du mot une salle bien chauffée. Okolm signifie un lieu inaccessible au froid: au dernier jour les calamités devoient

commencer par un grand hiver : les portes & les fenêtres de l'enfer étoient ouvertes du côté du Nord ; on voit bien que tout cela a été imaginé dans un pays froid : les anciens Scandinaves étoient de meilleure foi que quelques-uns de leurs descendans, que le fameux *Rudbeck*, par exemple, qui semble avoir été tenté de placer le paradis terrestre dans sa patrie.

(2) *Tourmente ceux qui y sont envoyés.*] Avant cette strophe de la *Voluspa*, Bartholin en place une autre qui mérite d'être rapportée. *Alors le maître, celui qui gouverne tout, sort avec puissance des demeures d'en-haut pour rendre ses divins jugemens, & prononcer ses sentences. Il termine les différends, & établit les sacrés destins qui dureront toujours.* La description qu'on lit ici des enfers a une ressemblance frappante avec celle que les livres religieux des anciens Perses faisoient du même lieu. " Les enfers, disent ces livres,
" sont au bord d'un fleuve fétide, dont l'eau
" est noire comme de la poix, & froide
" comme la neige, où roulent les ames des
" malheureux. La fumée sort à grands flots
" de ce gouffre ténébreux, & l'intérieur est
" rempli de scorpions & de serpens. " V. *Hyde de Relig. vet. Pers.* p. 399 & 404.

(3) *Après la mort des dieux.*] Dans la nouvelle terre qui succédoit à celle où nous habitons, il devoit y avoir aussi des divinités subalternes pour la gouverner, & des hommes pour la peupler. C'est en général ce que veut dire l'*Edda*. Les circonstances dont ce récit

est accompagné sont obscures & allégoriques; mais on reconnoît aisément au travers de ce voile que la pensée des philosophes du Nord, comme celle des Stoïciens, étoit que le monde devoit renaître plus parfait & plus beau. C'est ce qui est exprimé ici par rapport au soleil & à la lune. *Lif* signifie *la vie*, autre preuve que par la fable de ces deux hommes qui survivent au bouleversement du monde, les Celtes vouloient dire qu'il restoit dans la terre un principe, un germe de vie propre à réparer la perte du genre humain. Il est certain que toutes ces façons de s'exprimer n'étoient prises chez ces anciens peuples que pour ce qu'elles étoient, des figures, des ornemens du discours, & que nous qui perdons sans cesse ce point de vue en lisant leurs ouvrages, nous leur prêtons gratuitement une bonne partie des absurdités que nous croyons y voir.

(4) *Ce récit a passé de bouche en bouche parmi les peuples.*] On me demandera peut-être à l'occasion de ce passage si la doctrine qui vient d'être exposée a été propre aux peuples du Nord, ou si les autres Celtes l'avoient embrassée avec eux. Il me paroît probable qu'ils en avoient adopté du moins les principaux points; en effet ils avoient tous puisé leurs opinions religieuses dans la même source. *Il est très-vraisemblable*, dit fort bien le savant abbé Banier, *que les Celtes du nord, pères de nos Gaulois, avoient emprunté leur doctrine des Perses, ou de leurs voisins, & que c'étoit sur le modèle des Mages que les*

Druides s'étoient formés. Mythol. expl. T. II. in-4. p. 628. Nous sommes à la vérité très-peu instruits de ce que pensoient sur ce sujet les Gaulois, les Bretons, les Germains; mais le peu que nous en savons s'accordant très-bien avec l'*Edda*, nous sommes autorisés à supposer la même conformité dans ce que nous ignorons. Ceux qui pourroient en douter n'ont qu'à jeter les yeux sur les passages suivans.

Zamolxis (célèbre Druide des Gétes & des Scythes) enseignoit à ses conviés que ni lui, ni eux, ni les hommes qui naîtroient ne dévoient périr, mais qu'au contraire ils se rendroient au sortir de cette vie dans un lieu, où ils jouiroient d'une affluence de toutes sortes de biens. Hérodote L. IV. §. 95.

S'il faut vous en croire, dit *Lucain* aux Druides, *les ames ne descendent pas dans le séjour des ténèbres & du silence, ni dans l'empire souterrain de Pluton; vous dites que le même esprit anime le corps dans un autre monde, & que la mort est le passage à une longue vie.* L. I. v. 454.

Les Gaulois s'attachent surtout à prouver que les ames ne périssent point. César. L. 6. c. 14.

Valère Maxime dans un passage que j'ai rapporté ci-dessus dans mes remarques sur la 17me. fable, s'approche encore plus du dogme de l'*Edda*, puisqu'il nous apprend que les Celtes regardoient une mort paisible comme une fin honteuse & misérable, & qu'ils sautoient de joie à l'approche d'un combat qui leur fournissoit des occasions de mourir les armes à la main.

Chez les Irlandois, dit *Solin*, lorsqu'une femme vient d'accoucher d'un fils, elle prie les dieux de lui faire la grâce de mourir en combattant. C'étoit souhaiter le salut à son enfant. Voy. *Solin*. c. 25. p. 252. Ces autorités peuvent suffire ; elles ne disent assurément pas tout ce que dit l'*Edda*, mais c'est ce qui fait le prix de ce livre.

IDÉE
DE LA SECONDE PARTIE
DE L'EDDA.

Tous les points les plus importans de la mythologie celtique ont été exposés dans le dialogue qu'on vient de lire, & qui fait la première partie de l'*Edda*. Dans cette seconde l'auteur quittant le ton dogmatique se borne à raconter diverses aventures arrivées aux dieux qu'il vient de faire connoître. Les anciens scaldes ou poëtes sont toujours les guides qu'il suit, & son but l'explication des épithètes & des synonimes consacrés dans leur langage. On y voit aussi régner constamment le même goût & le même ton, des allégories, des combats, des géans aux prises avec les dieux, *Loke* qui les trompe, *Thor* qui prend leur cause en main, &c. Voilà à-peu-près le fonds de cette seconde partie: quoique des trois quarts moins longue que l'autre, ce seroit abuser de la patience des lecteurs que de l'insérer ici toute entière : j'aurai même peut-être besoin de leur indulgence pour l'idée très-succincte que je vais en donner.

Un seigneur Danois appelé *Æger* voulut à l'imitation de *Gylfe* aller à *Asgard* pour faire une visite aux dieux. Ceux-ci l'ayant su montèrent aussitôt sur leurs siéges sublimes afin de le recevoir avec plus de dignité, & les déesses qui ne leur cédoient en rien y prirent place avec eux. *Æger* fut traité splendidement ; *Odin* avoit fait ranger dans la salle du festin des épées si bien polies & si brillantes qu'on n'avoit pas besoin d'autres lumières. Des boucliers luisans couvroient tous les murs. On but long-temps & largement de l'excellent hydromel. *Brage* le dieu de l'éloquence étoit assis à côté d'*Æger*, & les dieux l'avoient chargé d'entretenir leur hôte. La conversation de ce dieu & d'*Æger* fait le sujet de cette seconde partie de l'*Edda*. *Brage* commença par raconter un tour malin que *Loke* avoit joué aux dieux. On se souvient qu'ils mangeoient certaines pommes confiées à la garde d'*Iduna*, par le moyen desquelles ils prévenoient la vieillesse & le dépérissement ; *Loke* enleva par ruse cette *Iduna*, & la cacha dans un bois où il la fit garder par un géant. Les dieux qui commençoient déjà à grisonner & à devenir caduques, ayant découvert l'auteur de cette noirceur, lui firent de si terribles menaces, qu'il fut obligé d'employer toute son adresse pour restituer aux dieux *Iduna* & ses pommes.

Je fais grâce aux lecteurs du duel du géant *Rugner* & du dieu *Thor*. Ce géant portoit une lance faite de pierre à aiguiser. *Thor* la lui brisa d'un coup de sa massue, & en fit sauter les éclats si loin, que c'est de-là que viennent toutes les pierres à aiguiser qu'on trouve dans le monde, & qui paroissent évidemment rompues par quelqu'effort. Je dois m'arrêter davantage à l'origine de la poésie. C'est une allégorie où l'on trouvera quelqu'invention.

Les dieux du Nord avoient formé un homme à-peu-près de la même manière que les dieux des Grecs avoient formé *Orion*. Cet homme s'appeloit *Kuaser* : il faut en demander pardon aux oreilles accoutumées aux noms sonores des Grecs. Il étoit si habile qu'on ne pouvoit lui proposer des questions auxquelles il ne satisfît pleinement : il parcourut toute la terre pour enseigner la sagesse aux peuples : mais sa gloire ayant réveillé l'envie, deux nains le tuèrent par trahison, reçurent son sang dans un vase, & le mêlant avec du miel, ils en firent un breuvage qui rend poëtes ceux qui en boivent (1). Les dieux ne voyant plus leur fils en firent demander des nouvelles aux nains, qui se tirèrent d'affaire en répondant que *Kuaser* étoit mort suffoqué de sa science, parce qu'il ne s'étoit trouvé personne en état de le soulager par des questions assez fréquentes ou assez doctes. Mais leur perfidie fut découverte ensuite par un événement imprévu. Les nains s'étant attiré le ressentiment d'un géant, celui-ci se saisit d'eux, & les exposa sur un écueil environné de tous côtés des eaux de la mer. Dans le trouble où la crainte de périr jeta ces malheureux, ils ne virent plus d'autre ressource que d'offrir le breuvage divin pour prix de leur délivrance : le géant satisfait l'ayant emporté chez lui le donna à garder à sa fille *Gunlôda*; c'est pour cela, ajoute l'auteur qui ne

―――――――――――――

(1) Il est probable que par le sang de cet homme si sage mêlé avec du miel, on vouloit désigner la raison & les grâces, sans lesquelles il n'y a point de véritable poésie.

perd point son objet de vue, qu'on appelle indifféremment la poésie, *le sang de Kuaser*, *le breuvage des nains*, *la rançon des nains*, &c.

Les dieux souhaitoient fort de leur côté de se rendre maîtres de ce trésor; mais la chose étoit difficile parce que le breuvage étoit gardé sous des rochers: cependant *Odin* voulut tenter cette conquête, & voici comment il s'y prit. S'étant changé en ver il s'insinua par un trou dans la caverne où le breuvage étoit gardé : là il reprit sa première forme, & gagnant le cœur de *Gunlôda* il obtint d'elle la permission de boire trois coups de la liqueur confiée à sa garde : mais le dieu rusé sut si bien faire qu'il ne laissa rien dans les vases à la troisième fois qu'il but : alors prenant la forme d'un aigle, il s'envola pour retourner à *Asgard*, y mettre en sûreté le trésor dont il s'étoit rendu maître. Cependant le géant possesseur du breuvage étant magicien soupçonna bientôt l'artifice, & se changeant aussi en aigle, il vole rapidement après *Odin* qui étoit déjà bien près des portes d'*Asgard* : alors les dieux accourent hors de leurs palais pour soutenir leur maître, & prévoyant qu'*Odin* auroit de la peine à conserver la liqueur sans s'exposer à être pris par son ennemi, ils exposent en grande hâte tous les vases qu'ils trouvent. En effet *Odin* ne pouvant échapper autrement se débarrasse du poids qui appésantit son vol, les vases sont remplis en un instant de la liqueur enchantée, & c'est de-là qu'elle est passée aux dieux & aux hommes; mais dans la précipitation de ces momens, la plupart ne s'apperçurent point qu'*Odin* n'avoit rendu qu'une partie du breuvage par le bec; c'est de cette partie dont ce dieu donne à boire aux bons poëtes, à ceux qu'il veut animer d'un esprit divin. A l'égard de l'autre, c'est la portion des mauvais rimeurs; comme elle coula fort abondamment de sa source impure, & que les dieux en laissent boire à tous ceux qui veulent, la presse est fort grande autour des vases qui la contiennent, & c'est la raison pour laquelle il se fait tant de méchans vers dans ce monde.

Après cette singulière fiction, on trouve dans l'*Edda* diverses fables qui n'ont presqu'aucun rapport à la mythologie: ce sont des traits d'histoire mêlés de fables qui ne sont ni importans par l'instruction, ni agréables par l'invention. Je passerai donc tout de suite au dictionnaire poétique appelé *Scalda* dont j'ai déjà dit un mot dans mon avant-propos.

On a vu qu'il a été compilé par *Snorron* à l'usage des Islandois qui se destinoient à la profession de poëtes. Comme cet auteur écrivoit dans le treizème siècle, il a voulu y donner non-seulement les épithètes que l'ancienne poésie lui fournissoit, mais aussi celles qui étoient devenues nécessaires depuis qu'une nouvelle religion & de nouvelles connoissances avoient été apportées dans le Nord. L'ouvrage commence par les noms des douze dieux, que *Snorron* reprend ensuite pour ranger sous chacun les épithètes & les synonimes qui lui appartiennent. *Odin* en a 126 à lui seul, ce qui peut faire juger du nombre des poésies anciennes où il étoit question de cette divinité. Voici quelques-unes de ces épithètes qu'on n'a pas vues dans l'*Edda*.

Odin le père des siècles, le sourcilleux, l'aigle, le père des vers, le tourbillon, l'incendiaire ; celui qui fait pleuvoir les traits, &c.

Thor est désigné par douze épithètes, dont la plus ordinaire est celle de *fils d'Odin & de la terre*.

Loke est *le père du grand serpent, le père de la mort, l'adversaire des dieux, leur accusateur, celui qui les trompe*, &c.

Frigga est la *reine des dieux*, Freya la *déesse de l'amour, la fée aux larmes d'or, la déesse bénigne & libérale*, &c.

Après les épithètes des dieux, on trouve rangées par ordre alphabétique celles des mots les plus en usage dans la poésie. Il y en a qui sont aujourd'hui inintelligibles, quelques-unes paroissent insipides, d'autres ressemblent assez à ces épithètes oisives des anciens qui suivent un mot aussi constamment que l'ombre suit le corps, & remplissent le vers sans rien ajouter au sens. Cependant il y en a qui méritent d'être connues, du moins par leur singularité. Ainsi les fleuves sont appelés chez les Scaldes *la sueur de la terre, & le sang des vallées*; les flèches sont *les filles de l'infortune, la grêle des casques*; la hache d'armes est *la main de l'homicide*; l'œil est *le flambeau du visage, le diamant de la tête*; l'herbe, *la chevelure, la toison de la terre*; les cheveux, *la forêt de la tête*; s'ils sont blancs, *la neige du cerveau*; la terre, *le vaisseau qui flotte sur les âges, la base des airs, la fille de la nuit*. La nuit est *le voile des discours, & des soucis*; un combat, *le fracas des armes, la grêle des traits, les cliquetis des épées, un bain de sang.* La mer est *le champ des pirates*; un vaisseau *leur patin*, & *le cheval des flots*; les pierres *les os de la terre*: le vent est *le tigre, le lion qui se jette sur les maisons, & sur les vaisseaux*, &c. &c.

C'est par ce recueil d'épithètes qu'est terminé l'ouvrage de *Snorron* tel qu'il a été publié par *Resenius*; mais dans le manuscrit conservé à *Upsal*, & dans quelques autres encore, on trouve après ce dictionnaire un petit traité du même auteur sur le méchanisme de la poésie Gothique ou Islandoise. S'il nous étoit resté un plus grand nombre de vers des anciens Celtes, cet ouvrage seroit très-précieux, puisqu'il faciliteroit l'intelligence d'une poésie dont il y auroit peut-être divers usages à tirer; mais il a de plus l'inconvénient d'être devenu très-obscur. Cependant quelques savans d'un mérite distingué ayant entrepris de l'expliquer, il y a lieu d'espérer que ceux qui se plaisent dans les recherches de ce genre n'auront bientôt plus rien à désirer là-dessus.

Ce qu'on entrevoit jusqu'à présent, c'est que cette versification étoit fondée sur le nombre des syllabes combiné avec le retour régulier de certaines lettres, à la fin, ou au commencement du vers, ce qui se rapprochoit tout à la fois de notre versification moderne, & du goût des acrostiches. Si l'on pousse plus loin ces recherches, je présume qu'on trouvera le modèle de tout ce méchanisme chez quelques peuples de l'Orient, chez les anciens Perses ou chez les Hébreux. La poésie hébraïque étoit pleine d'acrostiches de différens genres. Il y en a de même dans toutes les anciennes odes de nos Islandois. Il n'est pas moins probable que les vers que composoient les Bardes, ces poëtes des Bretons & des Gaulois, étoient du même genre ; on a quelques fragmens de poésie Galloise ou Bretonne qui ne laissent presqu'aucun lieu d'en douter. La chose est encore plus certaine à l'égard des vers Anglo-Saxons qui sont parvenus jusqu'à nous.

DE L'ANCIENNE EDDA.

SÆMUND dit *le Savant* avoit composé en Islande, comme j'ai déjà eu plus d'une occasion de l'observer, un recueil des anciennes poésies des nations du Nord relatives à leur mythologie, & l'*Edda* n'en est, à ce qu'il paroît, qu'un extrait & un commentaire fait par *Snorron* plus de cent ans après. La plupart des poëmes qui entroient dans ce recueil, ou cette ancienne Edda, n'avoient jamais été publiés lorsque je donnai la première édition de cet ouvrage. On les regardoit comme perdus, mais ils existoient encore dans des bibliothéques en Islande, en Dannemarc ou en Suède, & quelques savans se sont enfin rendus aux vœux des amateurs des antiquités celtiques, ils ont cherché, trouvé & publié ces poëmes dignes de la curiosité de tous ceux qui aiment à étudier dans leurs sources les opinions religieuses des anciens habitans d'une grande partie de l'Europe, & des hommes de toutes les nations.

MM. *Sandvig* & *Thorkelin* sont jusqu'ici les seuls éditeurs de ces poésies qui me soient connus. Le premier a publié il n'y a pas long-temps une traduction de tout ce qui a été retrouvé de l'ancienne *Edda*, ou de l'*Edda* de *Sæmund*. Cette traduction est en langue danoise. Le second a traduit un seul de ces poëmes, sa traduction est en latin & accompagnée de notes, avantage qu'on ne trouve point dans le travail de M. *Sandvig* & qu'on y regrette. On a lieu d'espérer de ces savans de nouvelles lumières sur ce sujet, & elles ne pourront qu'ajouter encore à la reconnoissance que tous les gens de lettres leur doivent déjà.

La première de ces pièces est celle que j'ai tant de fois citée sous le titre de *Voluspa* : ce mot signifie l'*oracle*, ou la prophétie de *Vola*. On sait qu'il y avoit parmi les Celtes des femmes qui prédisoient l'avenir, rendoient des oracles, & vivoient dans un commerce étroit avec la divinité. *Tacite* fait souvent mention de celle qui se rendit fameuse chez les *Bructeres*, peuple Germain, sous le nom de *Velléda*, & qui fut ensuite menée à

Rome. Il y en avoit une en Italie dont le nom approche encore plus de celui de *Vola*; c'eſt cette ſibylle qu'*Horace* appelle *Ariminenſis-Folia*, (Horat. Epod. v.) Ce nom étoit peut-être un terme générique par lequel on déſignoit toutes ces femmes : elles le méritoient du moins par l'enthouſiaſme qui les animoit, & l'agitation furieuſe avec laquelle elles rendoient leurs oracles prétendus. *Fol* ſignifioit en gothique ce qu'il ſignifie en françois, en anglois & dans preſque toutes les langues du Nord.

Ce poëme attribué à la ſibylle du Nord contient dans deux ou trois cent vers tout le ſyſtême de mythologie qu'on a vu dans l'*Edda*; mais ce laconiſme & l'ancienneté du langage en rendent l'intelligence très-difficile. Cela n'empêche pas qu'on n'y obſerve de temps en temps de la grandeur, de la force & quelques belles images : du reſte le ton, le défaut de liaiſon, le déſordre qui y régnent, y retracent l'idée d'une haute antiquité, autant que les choſes mêmes. Tels étoient ſans doute les vrais vers ſibyllins conſervés ſi long-temps à Rome, & ſi mal adroitement contrefaits. Le poëme de la *Voluſpa* eſt peut-être le ſeul monument de cette eſpèce qui ſubſite encore aujourd'hui.

Je n'en traduirai que la première strophe. Elle suffira pour donner une idée du style de la pièce entière & des autres poésies des mêmes siècles & du même genre.

« Silence, intelligences sacrées, gran-
» des & petites ! Je suis la fille de
» *Heimdal*, & je veux te raconter, dieu
» des combats, les anciennes prophéties
» qui m'ont été autrefois enseignées »...

Après ce début imposant & digne d'une inspirée, la prophétesse révèle à ses auditeurs les décrets du père de la nature, les actions & les ouvrages des dieux que personne n'a connus avant elle. Elle commence en effet par la description du chaos; de-là elle passe à la formation du monde & à celle de ses différentes espèces d'habitans, les géans, les hommes, les nains : ensuite elle explique les emplois des fées, les fonctions des dieux, ce qui leur est arrivé de plus singulier, leurs démêlés avec *Loke*, la vengeance qu'ils en tirèrent. Après quoi elle finit par une longue description des dernières destinées de l'univers, de son dépérissement, de l'incendie qui doit le consumer, du combat des dieux inférieurs & des génies ou géans malfaisans, du renouvellement du monde, de l'état heureux des gens de bien, & des supplices des méchans.

L'*Edda*, comme on l'a vu, est rempli de citations de ce poëme. J'en ai emprunté aussi divers traits dans mes notes. Cela me dispensera d'en dire davantage ici.

Ce poëme avoit été déjà imprimé & traduit. Il n'en est pas de même de celui qui est intitulé dans l'ancienne langue du Nord *Vafthrudnis-mal*.

Ce poëme a été publié pour la première fois en 1779 par M. *Thorkelin* d'après un très-beau manuscrit en parchemin qui est du commencement du quatorzième siècle, & qui se trouve dans la bibliothéque du roi de Dannemarc à Copenhague. L'éditeur l'a collationné avec d'autres manuscrits qui se sont trouvés en Islande & en Suède. Il croit le poëme très-ancien, & il en donne des raisons probables. En effet il ne faut pas croire que *Sæmund* en soit l'auteur, non plus que de la plupart des autres poëmes qu'il avoit recueillis & insérés dans son Edda. M. *Thorkelin* nous apprend à cette occasion qu'il y a une commission nommée par ordre du roi de Dannemarc pour faire imprimer toutes les poésies qui composent cette Edda, & pour veiller en général à la conservation des monumens qui peuvent intéresser les antiquités du Nord.

Le poëme ou l'ode dont il est ici question est en forme de dialogue, comme la plupart des anciennes poésies du Nord. Cette forme est sans doute la plus naturelle de toutes, puisqu'elle fut presque toujours celle que choisirent les plus anciens écrivains : on vient de la retrouver dans les anciens livres religieux des Indiens. Elle n'a pas été moins du goût des autres Orientaux, elle fut adoptée par les Grecs, & si Homère n'en fit pas usage expressément, il s'en est bien dédommagé par les longues & très-longues conversations dont ses poëmes sont remplis.

Ce qui ne tient pas moins aux mœurs de la haute antiquité c'est le sujet même de ce poëme. *Odin* se déguise, prend la forme & le nom d'un certain *Gang-rad*, & va voir un géant ou génie d'un rang & d'une réputation distinguée & bien méritée, car *il n'ignoroit rien* : *Odin* étoit curieux de savoir si ce géant ou ce génie en savoit plus que lui. J'emploie ces deux mots indifféremment parce que le nom de *Jotun* que l'original emploie ne signifie pas seulement un géant, mais aussi un génie, une sorte de demi-dieu, ou d'être d'une nature supérieure à la nôtre. Ce sont les génies de presque tous les anciens peuples, des Persans, des Grecs, des Latins. On connoît le discours que tient Jupiter aux dieux assemblés dans le premier livre des métamorphoses d'Ovide.

Sunt mihi semi dei, sunt rustica numina nymphæ Faunique, satyrique & monticolæ sylvani....

Ces demi-dieux, ces nymphes rustiques, ces faunes, ces satyres & ces sylvains sont sous un nom latin les mêmes personnages fabuleux que l'Edda & toutes les anciennes poésies du Nord nous présentent si souvent : tout ce qu'on débitoit à leur sujet n'est probablement que des fictions, des opinions puisées dans une source commune, qui ont eu cours très-anciennement dans une bien grande partie du monde ; aussi quand des savans respectables ont voulu trouver dans l'histoire, & placer tantôt dans les pays voisins du Tanaïs, tantôt dans la Scandinavie, les différentes nations dont ils font descendre ces différentes sortes de demi-dieux, de géans ou de génies, je crains qu'ils n'aient trop donné aux conjectures, & que toutes leurs recherches ne portent sur un faux principe. Je reviens au poëme en question, & je ne puis mieux le faire connoître qu'en donnant ici une traduction littérale des premières strophes.

ODIN.

« Donne-moi un conseil, ô Frigga,
» (1) je veux aller voir *Vafthrudnis*,
» car j'avoue que j'ai un grand désir
» *d'éprouver les anciens écrits* (ou les
» anciennes doctrines) avec ce génie qui
» sait toutes choses.

FRIGGA.

» Père des guerriers je vous conseille
» de rester dans les demeures des dieux,
» car je prévois qu'il n'y a point de
» génie égal en valeur à *Vafthrudnis*.

ODIN.

» J'ai déjà fait plusieurs voyages, j'ai
» éprouvé beaucoup de choses, j'ai

---

(1) C'étoit l'épouse d'*Odin*, & en même temps celle des déesses qui connoissoit le mieux l'avenir. Son mari la consulte par ce motif, & parce que les dieux étant toujours faits à l'image des hommes, devoient être dans le Nord dociles aux conseils de leurs femmes.

» éprouvé plusieurs dieux, ainsi je veux
» savoir quelle est la demeure de ce
» génie.

FRIGGA.

» Puisses-tu aller, puisses-tu revenir
» sain & sauf, puisses-tu être conservé
» pour nous autres déesses ! puisses-tu
» avoir, père des siècles, assez de science
» quand tu t'entretiendras avec ce gé-
» nie ! (1)

Odin s'étant mis en chemin après cette
réponse entra sous la figure d'un homme
dans le palais du génie & lui parla ainsi:

ODIN.

» Salut à *Vafthrudnis*, je suis venu dans
» ta demeure pour te rendre visite, mais
» je souhaite surtout de savoir si tu
» possèdes la sagesse & la toute-science.

―――――――――――――――

(1) *Frigga* paroît avoir de l'inquiétude sur
le compte de son époux. Il faut se rappeler
ici que les dieux étoient toujours environnés
d'ennemis dangereux, qu'ils n'étoient pas trop
en sûreté quand ils quittoient la forteresse
qu'ils avoient au haut du ciel, ou leur *Olympe*,
& que quand deux dieux ou deux hommes
s'étoient fait un défi de savoir, ou tout autre
défi, le vaincu étoit obligé de subir la loi du
vainqueur.

LE GÉNIE.

» Quel est cet homme qui vient m'in-
» terrompre ainsi dans mon palais ? Cer-
» tainement tu ne sortiras pas de cette
» salle si tu n'es pas plus savant que
» moi.

ODIN.

» Je me nomme *Gangrad*; il y a
» long-temps que je suis en chemin,
» j'ai soif & j'ai besoin, ô génie ! que tu
» me reçoives chez toi avec hospitalité.

LE GÉNIE.

» Ne restes donc pas là, ô *Gangrad*!
» à parler debout sur le pavé, viens
» prendre place dans la salle, & alors
» nous éprouverons lequel est le plus
» savant de l'étranger ou *du vieillard*
» *qui enseigne* ».

On retrouve ici les mœurs anciennes. Le génie est d'abord offensé de se voir interrogé par un inconnu. Mais dès que l'étranger réclame son hospitalité il est introduit. Le génie prend ici un titre difficile à rendre en françois; c'est celui qu'on donnoit aux vieillards qui ne pouvant plus aller à la guerre étoient chargés de la fonction d'enseigner la jeunesse, de raconter les exploits des ayeux, de réciter les hymnes qui contenoient les rites & les dogmes de la religion. J'emprunte cette remarque de M. *Thorkelin*.

Dans les strophes qui suivent, le génie fait des questions préliminaires à *Gangrad* sur divers points de mythologie, par exemple, sur les chevaux qui conduisent le char du jour & de la nuit, sur les fleuves qui séparent la terre du ciel, sur le champ de bataille où les dieux & les mauvais génies combattront au dernier jour, &c. Toutes les réponses du dieu déguisé sont justes & conformes à ce que nous enseigne l'*Edda*. Alors le génie voyant qu'il a un antagoniste digne de lui le fait placer à ses côtés, & lui dit : *Tu es sage, mon hôte ; viens t'asseoir sur le banc avec moi, entretenons-nous assis, & que nos têtes soient engagées pour prix du combat de science divine que nous allons nous livrer dans cette salle.*

Voilà sans doute une singulière dispute littéraire. Un duel à mort pour décider qui sera le plus savant ! Ainsi l'on s'est donc battu de tout temps pour des questions auxquelles personne ne comprenoit rien, & la mythologie a eu ses martyrs comme la théologie. J'ai lu que dans certaines universités les écoliers, qui soutenoient des thèses finissoient souvent autrefois par ensanglanter les bancs. Etoit-ce un reste des usages de l'antiquité ?

Les deux docteurs étant assis, & le génie étant content de son hôte se laisse interroger à son tour. Voici la première de ces questions. « Dis-moi donc d'abord, » ô savant génie, si pourtant tu as assez » de sagesse pour le savoir, d'où vien- » nent la terre, & le ciel qui est au- » dessus ? »

Le génie répond fort bien à cette question, que c'est du corps du géant *Ymer* que vient la terre, que les rochers sont ses os, que son sang a formé les mers, son crâne le ciel, & tout ce qu'on a déjà vu dans l'*Edda*.

Les questions suivantes ont pour objet l'origine des dieux, des génies, des hommes & surtout les grands événemens qui précéderont le dernier jour, & amèneront la destruction du monde & des dieux. Toutes ces choses sont exposées ici de la même manière & avec les mêmes circonstances que dans le poëme de la *Voluspa*, & par conséquent comme elles le sont dans l'*Edda*. Ainsi il seroit superflu de traduire ou même d'abréger ces strophes.

Je ne dois pas cependant laisser ignorer au lecteur l'issue de ce duel savant qui donne lieu aux deux combattans de déployer tant de connoissances.

Odin sous le nom de *Gangrad* ayant interrogé le génie sur tous les détails de la fin du monde, s'avise de lui demander si ce jour-là, son fils *Balder* (ou le soleil) ne périra pas comme les autres dieux, si on ne posera pas son corps sur un bucher, & quelles paroles *Odin* son père lui dira à l'oreille dans le moment de cette cérémonie. A cette dernière question le génie reconnoît *Odin*, il convient de bonne foi que ce dieu seul peut savoir ce qu'il dira alors en secret à son fils, qu'il est son supérieur en sagesse ou en science, & s'avouant vaincu il s'attend en conséquence à mourir. Le poëte n'a pas jugé à propos de nous en apprendre davantage & les commentateurs n'ont pas su nous dire si *Odin* avoit usé de clémence en cette occasion.

Un autre poëme qui entroit dans l'*Edda* de *Sæmund*, & ne cède pas en ancienneté à la *Voluspa*, est celui qu'on nomme *Havamaal*, c'est-à-dire, *discours sublime d'Odin*. C'est à ce dieu lui-même qu'on l'attribuoit, c'est lui qui est censé y donner des leçons de sagesse aux hommes : cette pièce est absolument unique dans son espèce ; nous n'avons aucun autre monument qui traite de la morale des Celtes ; ce que nous en savons d'ailleurs est imparfait, altéré, incertain. Ainsi ce discours d'*Odin* peut suppléer jusqu'à un certain point à la perte que nous avons faite des maximes que dictoient *Zamolxis*, *Dicenæus*, *Anacharsis* à leurs compatriotes les Scythes ; maximes que ces philosophes prétendoient tenir du ciel, & que les plus sages des Grecs leur ont souvent enviées.

Le *Havamaal*, ou *discours sublime*, est composé d'environ cent & vingt strophes. Il y en a très-peu qui soient sans mérite, mais quelques-unes renfermant des vérités trop communes, & d'autres des allusions qu'il seroit long & difficile d'expliquer, je me borne aux suivantes, qu'on trouvera rendues ici avec la plus scrupuleuse exactitude.

» Considérez bien toutes les entrées avant que de vous engager quelque part, car on ne peut jamais savoir trop bien où sont les ennemis qui vous dressent des embuches.

» L'hôte qui vient chez vous a les genoux froids, donnez-lui du feu : celui qui a parcouru les montagnes a besoin de nourriture & de vêtemens bien séchés.

» Il faut de l'eau à celui qui vient s'asseoir à votre table, il a besoin de s'essuyer les mains; mais tenez-lui des discours agréables, si vous voulez qu'il vous parle, ou qu'il vous écoute.

» Celui qui voyage a besoin de sagesse. On peut faire chez soi tout ce qu'on veut, mais celui qui ne sait rien s'attirera des regards dédaigneux, lorsqu'il sera assis avec des hommes bien élevés.

» Celui qui va à un repas où il n'est pas attendu parle avec soumission, ou se tait; il prête l'oreille à tout, il parcourt tout des yeux; par-là il acquiert de la science & de la sagesse.

» Heureux celui qui s'attire la louange & la bienveillance des hommes! car tout ce qui dépend de la volonté des autres est hasardeux & incertain.

» Il n'y point d'ami plus sûr en voyage qu'une grande prudence: il n'y a point non plus de provision plus agréable. Dans un lieu inconnu la prudence vaut mieux que les trésors; c'est elle qui nourrit le pauvre.

» Il n'y a rien de plus nuisible aux fils du siècle que de trop boire de bière; car plus un homme boit, plus il perd de raison. L'oiseau de l'oubli chante devant ceux qui s'ennivrent, & leur dérobe leur ame.

» L'homme dépourvu de sens croit qu'il vivra toujours s'il évite la guerre ; mais si les lances l'épargnent, la vieillesse ne lui fait point de quartier.

» L'homme gourmand mange sa propre mort, s'il n'y prend garde, & la gourmandise du sot fait rire les sages.

» Les troupeaux savent retourner à l'étable & quitter le paturage ; mais l'homme sans honneur ne sait point mettre de frein à sa bouche.

» L'homme méchant rit de tout, oubliant qu'il devroit plutôt songer à s'abstenir lui-même de faute.

» L'homme dépourvu de sens veille toutes les nuits, il considère tout, mais quand il est las au point du jour, il n'est pas plus savant qu'il n'étoit la veille.

» Il croit savoir tout lorsqu'il a appris quelque chose de facile, mais il n'a rien à répondre quand on l'interroge sur une chose obscure.

» Plusieurs hommes se croyoient sincèrement unis, mais l'expérience les a détrompés : c'est la querelle des siècles qu'un hôte n'est pas fidelle à son hôte.

» Ce qu'on possède, quoique petit, est toujours le meilleur....

» Je n'ai jamais trouvé d'homme si libéral & si magnifique, que chez lui recevoir ne fût pas recevoir, & qui méprisât un présent, s'il pouvoit l'obtenir.

» Que les amis se réjouissent réciproquement par des présens d'armes & d'habits. Ceux qui donnent & qui reçoivent restent long-temps amis, & se donnent souvent des festins les uns aux autres.

» Aimez vos amis, & ceux de vos amis, mais ne favorisez pas l'ami de vos ennemis.

» La paix brille plus que le feu pendant cinq nuits, entre des amis mauvais ; mais elle s'éteint quand la sixième approche, & alors toute l'amitié se tourne en haine.

» Quand j'étois jeune j'errois seul dans le monde ; il me sembloit que j'étois devenu riche quand j'avois trouvé un compagnon. Un homme fait plaisir à un autre homme.

» Qu'un homme soit sage modérément, & qu'il n'ait pas plus de prudence qu'il ne faut. Qu'il ne cherche point à savoir sa destinée, s'il veut dormir tranquille.

» Levez-vous matin si vous voulez vous enrichir ou vaincre un ennemi. Le loup qui est couché ne gagne point de proie, ni l'homme qui dort de victoire.

» On m'invite çà & là à des festins, si je n'ai besoin que d'un déjeûné, & mon fidelle ami est celui qui me donne un pain quand il en a deux.

» Il vaut mieux vivre bien que long-temps. Quand un homme allume du feu, la mort est chez lui avant qu'il soit éteint.

» Il vaut mieux avoir un fils tard que jamais. Rarement voit-on des pierres sépulchrales élevées sur les tombeaux des morts par d'autres mains que celles de leurs fils.

» Les richesses passent comme un clin d'œil ; elles sont les plus inconstantes des amies. Les troupeaux périssent, les parens meurent, les amis ne sont pas plus immortels, vous mourrez vous-même : mais je connois une seule chose qui ne meurt point, c'est le jugement qu'on porte des morts.

» Que l'homme prudent use avec modération de son pouvoir ; car lorsqu'il viendra parmi des hommes distingués, il trouvera qu'il n'est pas le plus excellent de tous.

» Louez la beauté du jour quand il est fini, une femme quand vous l'aurez connue, une épée quand vous l'aurez essayée, une fille après qu'elle sera mariée, la glace quand vous l'aurez traversée, la bière quand vous l'aurez bue.

» Ne vous fiez pas aux paroles d'une fille, ni à celles que dit une femme, car leurs cœurs ont été faits tels que la roue qui tourne, la légéreté a été mise dans leurs cœurs. Ne vous fiez ni à la glace d'un jour, ni à un serpent endormi, ni aux caresses de celle que vous devez épouser, ni à une épée rompue, ni au fils d'un homme puissant, ni à un champ nouvellement semé.

» La paix entre des femmes malignes est comme si vous vouliez faire marcher sur la glace un cheval qui ne seroit pas ferré, ou comme si vous vous serviez d'un cheval de deux ans, ou comme si vous étiez dans une tempête sur un vaisseau qui n'auroit point de gouvernail.

» Que celui qui veut se faire aimer d'une fille lui tienne de beaux discours & lui offre de bonnes choses. Qu'il la loue aussi sans cesse de sa beauté. Il faut de la sagesse pour être habile amant.

» Il n'y a point de maladie plus cruelle que de n'être pas content de son sort.

» Le cœur seul connoît ce qui se passe dans le cœur, & celui qui trahit l'esprit, c'est l'esprit même.

» Si vous voulez fléchir votre maîtresse,

ne l'allez voir que de nuit. Quand trois personnes savent ces choses-là, elles ne réussissent point.

» Ne cherchez point à séduire les femmes d'autrui.

» Soyez humain à l'égard de ceux que vous rencontrez sur votre route.

» Celui qui a une bonne provision en voyage se réjouit aux approches de la nuit.

» Ne découvrez jamais vos chagrins à un méchant homme, car vous n'en recevrez aucun soulagement.

» Sachez que si vous avez un ami, vous devez le visiter souvent. Le chemin se remplit d'herbes, & les arbres le couvrent bientôt, si l'on n'y passe sans cesse.

» Ne rompez jamais le premier avec votre ami. La douleur ronge le cœur de celui qui n'a personne à consulter que lui-même.

» Il vaut mieux flatter les autres que soi-même.

» N'ayez jamais trois paroles de dispute avec le méchant. Souvent le bon cède lorsque le méchant s'irrite & s'enorgueillit. Cependant il y a du danger à se taire si l'on vous reproche d'avoir un cœur de femme, car alors on vous prend pour un lâche.

» Je vous prie, soyez circonspect, mais non pas trop ; soyez-le cependant lorsque vous avez trop bu, lorsque vous êtes près de la femme d'autrui, & quand vous vous trouvez parmi des voleurs.

» Ne vous moquez point, ne riez point de votre hôte, ou d'un étranger : ceux qui demeurent chez eux ne savent point qui est l'étranger qui arrive.

» Il n'y a point d'homme vertueux qui n'ait quelque vice, ni de méchant quelque vertu.

» Ne riez point du vieillard, ni de votre vieux ayeul. Il sort souvent des rides de la peau des paroles pleines de sens.

» Le feu chasse les maladies, le chêne la strangurie, la paille conjure les enchantemens, les Runes détruisent les imprécations, la terre absorbe les inondations, & la mort éteint les haines. »

———

Les fragmens de l'ancienne *Edda* sont terminés dans l'édition de *Resenius* par le petit poëme intitulé *le chapitre runique*, ou *la magie d'Odin*. J'ai déjà remarqué qu'il s'attribua l'invention des lettres dont on n'avoit probablement aucune idée avant lui dans la Scandinavie. Mais quoique cet art soit assez merveilleux en lui-même pour attirer à celui qui l'enseigne toute la vénération d'un peuple ignorant, *Odin* le fit regarder encore comme l'art magique par excellence, l'art d'opérer toute sorte de miracles, soit que ce nouveau mensonge fût utile à son ambition, soit qu'il fût lui-même assez barbare pour croire qu'il y avoit quelque chose de surnaturel dans l'écriture. Il s'exprime du moins dans ce poëme du ton d'un homme qui veut le persuader.

Savez-vous, dit-il, *comment il faut graver des lettres runiques? comment il faut les expliquer? comment on se les procure? comment on éprouve leur vertu?* De-là il passe à l'énumération des prodiges qu'il peut opérer, soit par le moyen de ces lettres, soit par celui de la poésie.

Je sais chanter un poëme que la femme du roi ne sait pas, ni le fils d'aucun homme; il s'appelle le secours; il chasse les querelles, les maladies, la tristesse.

J'en sais un que les fils des hommes doivent chanter s'ils veulent devenir habiles médecins.

J'en sais un par lequel j'émousse & j'enchante les armes de mes ennemis, & je rends inutiles leurs artifices.

J'en sais un que je n'ai qu'à chanter lorsque les hommes m'ont chargé de liens; car dès que je le chante, mes liens tombent en pièces, & je me promène librement.

J'en sais un qui est utile à tous les hommes; car aussitôt que la haine vient à s'enflammer entre les fils des hommes, je l'appaise au moment que je le chante.

J'en sais un dont la vertu est telle que si je suis surpris par la tempête, je fais taire le vent & je rends la paix à l'air.

On peut remarquer sur cette dernière prérogative des vers que savoit *Odin*, que chez tous les peuples Celtes les magiciens avoient les vents & la tempête en leur pouvoir. *Pomp. Mela* nous apprend, qu'il y avoit dans une isle de la côte de Bretagne (probablement l'*isle des Saints*, vis-à-vis de *Brest*) des prêtresses séparées du reste du monde qu'on regardoit comme les déesses de la navigation, parce qu'elles disposoient des vents & des tempêtes. Il y a des peines statuées dans les capitulaires de *Charlemagne*, dans les canons de plusieurs conciles, & dans les anciennes loix de Norvège, contre ceux qui excitent des tempêtes, *Tempestarii*, c'étoit le nom qu'on leur donnoit. Il y a eu de ces imposteurs sur les côtes de Norvège, comme il y'en a encore chez les *Lapons*: la peur & la superstition leur payèrent long-temps tribut. De-là ces bruits ridicules répétés sérieusement par tant de voyageurs imbécilles, que des sorciers vendoient du vent aux navigateurs qui fréquentent ces mers. Ce qu'il y a de vrai, c'est que depuis bien des années les pêcheurs même de Norvège auroient ignoré que cette folle opinion eût jamais existé, si des marins étrangers qui n'en étoient pas désabusés comme eux, ne fussent souvent venus leur demander du vent à acheter, & si les premiers n'eussent pas pris plaisir à gagner l'argent des autres en se moquant d'eux.

Les missionnaires, les évêques s'appliquèrent de bonne heure à arracher toutes ces mauvaises herbes du champ où ils vouloient semer la doctrine de l'évangile. Ils attaquoient la religion celtique avec toute sorte d'armes. Comme ils avoient souvent la foiblesse de croire aux faux prodiges du paganisme, ils avoient aussi celle de vouloir leur en opposer qui ne l'emportoient que par la pureté de l'intention: dans une ancienne chronique Islandoise (1), on voit un

---

(1) K. Oloff Trygguason Sagga. c. 33.

évêque qui appaise une tempête avec de l'eau bénite & quelques autres cérémonies. Mais c'est trop interrompre le discours d'*Odin*.

Quand je vois, poursuit-il, *des magiciennes traverser les airs, je les trouble d'un seul regard, & je les oblige à abandonner leur entreprise.* On a parlé plus haut de ces voyages aëriens.

Si je vois un homme mort, & pendu au haut d'un arbre, je grave des lettres runiques si merveilleuses, qu'aussitôt cet homme descend & vient s'entretenir avec moi.

Odin avoit souvent évoqué des morts par le moyen de ses runes, & quelquefois aussi par des vers. Nous avons encore une ode fort ancienne conservée par *Bartholin*, où ce dieu fait sortir de son tombeau une dévineresse qu'il veut consulter. Voici le commencement de cette ode qui peut donner une idée de ce qu'étoit cette poésie magique connue autrefois de tous les peuples Celtes.

Odin le souverain des hommes se lève : il selle son cheval Sleipner, il le monte, & se rend dans le séjour souterrain de Héla (la mort).

Le chien qui garde les demeures de la mort court au devant de lui ; sa poitrine & sa mâchoire sont teintes de sang ; il ouvre sa gueule avide de mordre, & aboie long-temps à la vue du père de la magie.

Odin poursuit sa route, son cheval fait trembler & retentir les cavernes souterraines : enfin il touche au profond séjour de la mort, & s'arrête près de la porte orientale, où est le tombeau de la prophétesse.

Il lui chante des vers propres à évoquer les morts ; il regarde au septentrion, il grave sur son tombeau des lettres runiques, il profère des paroles mystérieuses, il demande qu'on lui réponde : enfin la prophétesse contrainte se lève & parle ainsi.

Quel est cet inconnu qui ose troubler mon repos, & me tirer du sépulchre où je suis depuis si long-temps couchée, couverte de neige & arrosée par les pluies ? &c.

Les autres prodiges qu'*Odin* se vante de pouvoir faire dans le chapitre runique ne sont pas d'une moindre importance.

Si je veux qu'un homme ne périsse jamais dans les combats, ne soit jamais abattu par le fer, je l'arrose avec de l'eau lorsqu'il vient de naître. On peut se rappeler ici ce que j'ai dit du baptême des peuples du Nord encore payens, dans l'introduction à l'histoire de Dannemarc.

Si je le veux, je puis expliquer la nature des diverses espèces d'hommes, de génies,

& de dieux. Il n'y a que des sages qui puissent connoître toutes leurs différences.

Si j'aspire à l'amour & aux faveurs de la fille la plus vertueuse, je sais tourner son esprit, & fléchir à mon gré sa volonté.

Je sais un secret que je ne perdrai jamais, c'est celui de me faire aimer constamment de ma maîtresse.

Mais j'en sais un que je n'enseignerai jamais à aucune femme, excepté à ma sœur, ou à celle qui me tient dans ses bras. Ce qu'on est seul à savoir, est toujours d'un bien plus grand prix.

L'auteur conclud après cela par des exclamations sur la beauté des choses qu'il vient de dire.

A présent, dit-il, j'ai chanté dans mon auguste demeure mes sublimes vers nécessaires aux fils des hommes, & inutiles aux fils des hommes. Béni soit celui qui a chanté ! Béni soit celui qui a compris ! Puisse en profiter celui qui a retenu ! Bénis soient ceux qui ont prêté l'oreille !

Fin de l'Edda.

ODES
ET AUTRES
POÉSIES ANCIENNES.

J'AI cru devoir joindre à l'*Edda* les Pièces suivantes choisies parmi cette multitude de vers que nous ont conservés les auteurs des anciennes chroniques.

Ce sont celles qui m'ont paru les plus propres à caractériser les mœurs & le génie des anciens habitans du Nord, à servir de preuves à ce que j'ai avancé dans l'introduction à l'histoire de Dannemarc, & à montrer que la mythologie de l'*Edda* a été celle de tous les poëtes du Nord, & la religion d'une grande partie des peuples de l'Europe ornée de fictions & d'allégories.

On trouvera d'abord l'*Ode* que *Regner Lodbrog* composa dans les tourmens qui précédèrent sa mort. Le fanatisme de la gloire animé par celui de la religion a dicté cette Ode. *Regner* fameux guerrier, poëte & pirate, régnoit en Dannemarc vers le commencement du neuvième siècle: après diverses courses maritimes dans les pays les plus éloignés, il éprouva enfin la mauvaise fortune en Angleterre. Pris en combattant par son ennemi *Ella* roi d'une partie de cette isle, il périt des morsures des serpens dont on avoit rempli sa prison. Il laissa plusieurs fils qui vengèrent cette horrible mort, comme *Regner* l'avoit prévu dans les vers qu'on va lire. On conjecture avec beaucoup de fondement que ce prince n'a composé lui-même qu'une strophe ou deux de cette ode, & que les autres y ont été ajoutées après sa mort par le poëte chargé, suivant l'usage du temps, de relever l'éclat de ses funérailles en faisant chanter des vers à sa louange. Quoiqu'il en soit, cette pièce se trouve dans diverses chroniques Islandoises, & la versification, le langage, le style ne laissent aucun doute sur son ancienneté. *Wormius* en a donné le texte en lettres runiques avec une version latine, & d'amples notes dans *sa littérature runique*, v. p. 197. Elle se trouve aussi dans le recueil de M. *Biörner*. Des vingt-neuf strophes dont elle est composée, j'ai cru que les suivantes étoient les seules que le plus grand nombre de mes lecteurs verroit avec quelque plaisir.

Je n'ai point même toujours traduit les strophes entières, & de deux je n'en ai souvent fait qu'une, pour leur épargner des endroits obscurs & peu intéressans.

ODE

Du roi Regner Lodbrog.

Nous nous sommes battus à coups d'épées dans le temps où jeune encore j'allai vers l'Orient préparer une proie sanglante aux loups dévorans. Le rivage ne sembloit qu'une seule plaie, & les corbeaux nageoient dans le sang des blessés.

Nous nous sommes battus à coups d'épées, le jour de ce grand combat où j'envoyai les peuples de Helsingie dans le palais d'*Odin*. De-là nos vaisseaux nous portèrent à *Ifa*, où les fers de nos lances fumans de sang entamoient à grand bruit les cuirasses, & où les épées mettoient les boucliers en pièces.

Nous nous sommes battus à coups d'épées, ce jour où j'ai vu dix mille de mes ennemis couchés sur la poussière près d'un cap d'Angleterre. Une rosée de sang dégoutoit de nos épées, les flèches mugissoient dans les airs en allant chercher les casques: c'étoit pour moi un plaisir aussi grand que de tenir une belle fille dans mes bras.

Nous nous sommes battus à coups

d'épées, le jour où mon bras fit toucher à son dernier crépuscule ce jeune homme si fier de sa belle chevelure qui recherchoit les jeunes filles dès le matin, & se plaisoit tant à entretenir les veuves. Quelle est la destinée d'un homme vaillant si ce n'est de tomber des premiers au milieu d'une grêle de traits ? Celui qui n'est jamais blessé, passe une vie ennuyeuse, & le lâche ne fait jamais usage de son cœur.

Nous nous sommes battus à coups d'épée. Car il faut qu'un jeune homme se montre de bonne heure dans les combats, qu'un homme en attaque un autre, ou lui résiste. Ç'a été là toujours la noblesse d'un héros, & celui qui aspire à se faire aimer de sa maîtresse doit être prompt & hardi dans le fracas des épées.

Nous nous sommes battus à coups d'épée; mais j'éprouve aujourd'hui que les hommes sont entraînés par le destin; il en est peu qui puissent résister aux décrets des fées. Eussé-je cru que la fin de ma vie seroit réservée à *Ella*, lorsqu'à demi-mort je répandois encore des torrens de sang, lorsque je précipitois les vaisseaux dans les golfes de l'Écosse, & que je fournissois une proie si abondante aux bêtes sauvages ?

Nous nous sommes battus à coups d'épée; mais je suis plein de joie en pensant qu'un festin se prépare pour moi dans le palais d'*Odin*. Bientôt, bientôt assis dans la brillante demeure d'*Odin*, nous boirons de la bière dans les crânes de nos ennemis. Un homme brave ne redoute point la mort. Je ne prononcerai point des paroles d'effroi en entrant dans la salle d'*Odin*.

Nous nous sommes battus à coups d'épée. Ah! si mes fils savoient les tourmens que j'endure, s'ils savoient que des vipères empoisonnées me déchirent le sein, qu'ils souhaiteroient avec ardeur de livrer de cruels combats! car la mére que je leur ai donnée leur a laissé un cœur vaillant.

Nous nous sommes battus à coups d'épée; mais à présent je touche à mon dernier moment. Un serpent me ronge déjà le cœur: bientôt le fer que portent mes fils sera noirci dans le sang d'*Ella*; leur colère s'enflammera, & cette jeunesse vaillante ne pourra plus souffrir le repos.

Nous nous sommes battus à coups d'épée dans cinquante & un combats où les drapeaux flottoient. J'ai dès ma jeunesse appris à rougir de sang le fer d'une lance, & je n'eusse jamais cru trouver un roi plus vaillant que moi: mais il est temps de finir; *Odin* m'envoye ses déesses pour me conduire dans son palais: je vais assis aux premières places boire de la bière avec les dieux. Les heures de ma vie se sont écoulées, je mourrai en riant.

REMARQUES

Sur l'Ode Précédente.

Je ne dois pas prévenir les réflexions qui se présentent d'elles-mêmes à l'esprit en lisant cette ode, mais je remarquerai cependant qu'elle confirme bien ce que j'ai dit dans mon introduction, de la façon de penser des peuples du Nord à l'égard des femmes. On s'imagine ordinairement que nous devons aux loix de la chevalerie, c'est-à-dire, à une institution qui ne remonte pas plus haut que le onzième siècle, cet esprit de générosité qui rendoit autrefois les femmes les arbitres de la gloire des hommes, qui faisoit de leurs faveurs l'objet & le prix des actions vertueuses & courageuses, qui attachoit au soin de les servir, de les défendre & de leur plaire l'idée du plus doux & du plus noble de tous les devoirs, & qui fait qu'on a encore aujourd'hui pour elles des égards ignorés partout ailleurs. Mais il est certain que bien long-temps avant le onzième siècle cette façon de penser étoit commune chez les Germains & les Scandinaves. On se rappelle ce que dit *Tacite* du respect de ces peuples pour les femmes. Ce ne sont point sans doute les Romains qui ont porté avec eux ces opinions & ces mœurs dans les pays qu'ils ont conquis. Ce n'est point d'eux que l'Espagne, la France, l'Angleterre, &c. les ont empruntées. D'où vient donc que d'abord après la chûte de l'Empire l'esprit de la chevalerie se trouve établi partout ? On voit bien que cet esprit propre aux peuples du Nord n'a pu se répandre qu'avec eux. Né de leurs préjugés religieux, de leur goût pour la guerre, de la chasteté naturelle de leurs femmes, lié avec tout le système de leurs usages & de leurs mœurs, il dut les suivre partout où ils s'établirent, & s'y maintenir long-temps. Mais chez les peuples plus riches & plus civilisés, les effets qu'il produisoit étant relevés par cet éclat, cette politesse qui attirent tous les regards, on en méconnut bientôt la source, & aujourd'hui l'on ne peut y remonter sans avoir à combattre une prévention générale.

Si l'on a trouvé divers traits de la galanterie chevaleresque dans l'ode du roi *Regner*, on croira l'entendre parler elle-même dans celle d'un prince de Norvège nommé *Harald le vaillant*, qui se trouve dans l'ancienne chronique islandoise nommée *Knytlinga Saga*. Elle est beaucoup moins ancienne que la précédente, mais elle l'est encore assez pour montrer que les peuples du Nord ont imaginé d'associer l'amour & la valeur guerrière avant les nations mêmes dont ils ont eu ensuite le plus de penchant à adopter tous les goûts. *Harald le vaillant* vivoit au milieu du onzième siècle. Il étoit un des plus illustres aventuriers de son temps. Il avoit parcouru toutes les mers du Nord, & piraté dans la Méditerranée même, & sur les côtes d'Afrique ; il fut pris, ensuite & détenu quelque temps captif à Constantinople. Dans cette ode il se plaint de ce que la gloire qu'il s'étoit acquise par tant d'exploits n'avoit pu toucher *Elissif* fille de *Jarislas* roi de Russie.

ODE

De Harald le vaillant.

Mes navires ont fait le tour de la Sicile. C'est alors que nous étions brillans & magnifiques : mon vaisseau brun chargé d'hommes, voguoit rapidement au gré de mes désirs ; occupé de combats je croyois naviger toujours ainsi : cependant une fille de Russie me méprise.

Je me suis battu dans ma jeunesse avec les peuples de *Drontheim*. Ils avoient des troupes supérieures en nombre : ce fut un terrible combat ; je laissai leur jeune roi mort sur le champ de bataille : cependant une fille de Russie me méprise.

Un jour nous n'étions que seize dans un vaisseau ; une tempête s'élève & enfle la mer, elle remplit le vaisseau chargé, mais nous le vidâmes en diligence. J'espérois de-là un heureux succès : cependant une fille de Russie me méprise.

Je sais faire huit exercices ; je combats vaillamment ; je me tiens fermement à cheval ; je suis accoutumé à nager ; je sais courir en patins ; je lance le javelot; je m'entends à ramer : cependant une fille de Russie me méprise.

Peut-elle nier, cette jeune & belle fille, que ce jour où dans un pays du midi, je livrai un grand combat, je ne me sois servi courageusement de mes armes, & que je n'aie laissé après moi des monumens durables de mes exploits? cependant une fille de Russie me méprise.

Je suis né dans le haut pays de Norvège, là où les habitans manient si bien les arcs; mais j'ai préféré de conduire mes vaisseaux, l'effroi des paysans, parmi les écueils de la mer, & loin du séjour des hommes j'ai parcouru les mers avec ces vaisseaux : cependant une fille de Russie me méprise.

L'ode qui suit est d'un autre genre ; elle est nommée dans les anciennes chroniques l'éloge de Haquin. Ce prince étoit fils du célèbre Harald aux beaux cheveux premier roi de toute la Norvège. Il fut tué environ l'an 960 dans une bataille où huit de ses frères périrent avec lui. Eyvind son cousin, Scalde fameux, qu'on nommoit la croix des poëtes à cause de ses talens supérieurs pour les vers, fut présent à ce combat, & composa ensuite cette ode pour être chantée dans les funérailles de son parent. C'est Snorron, le même à qui nous devons l'Edda, qui nous l'a conservée dans sa chronique de Norvège.

Éloge de Haquin : Ode.

Les déesses qui président aux combats viennent d'être envoyées par *Odin* (1) : elles vont choisir parmi les princes de l'illustre famille d'*Yngue* celui qui doit périr, & aller habiter la demeure des dieux.

Gondula, l'une de ces déesses, appuyée sur le bout de sa lance parle ainsi à ses compagnes : l'assemblée des dieux va s'accroître ; les ennemis de *Haquin* viennent d'inviter ce prince avec sa nombreuse armée à entrer dans le palais d'*Odin*.

Ainsi parloient ensemble ces belles fées ; elles étoient à cheval couvertes de leurs casques & de leurs boucliers, & elles paroissoient occupées de quelque grande pensée.

Haquin entendit leur discours. Pourquoi, dit-il à l'une d'elles, pourquoi as-tu ainsi disposé de ce combat ? N'étions-nous pas dignes d'obtenir des dieux une plus favorable victoire ? C'est nous, répond-elle, qui te l'avons donnée, c'est nous qui avons fait fuir tes ennemis (2).

Allons, poursuivit-elle, poussons nos chevaux au travers de ces mondes tapissés de verdure qui sont la demeure des dieux. Allons annoncer à *Odin* qu'un roi va le visiter dans son palais.

Odin apprend cette nouvelle & dit : *Hermode* & *Brage*, allez au devant du roi. Un roi estimé vaillant de tous les hommes arrive aujourd'hui dans ce palais (3).

Enfin le roi *Haquin* s'approche, & sortant du combat, il est encore dégoutant de sang. A la vue d'*Odin* il s'écrie : ah ! que ce dieu me paroît sévère & terrible !

Le dieu *Brage* lui répond : venez, vous qui fûtes l'effroi des plus illustres guerriers, venez vous réunir à vos huit frères ; les héros qui demeurent ici vivront en paix avec vous ; allez boire de la bière au milieu de la troupe des dieux.

Mais ce brave roi s'écria : je veux garder toujours mon armure : il faut qu'un héros conserve avec soin sa cuirasse & son casque, & il est dangereux d'être un moment sans avoir sa lance en mains.

Alors on connut combien ce roi avoit religieusement sacrifié aux dieux, car le sénat divin & tous les moindres dieux le reçurent en le saluant.

Heureux le jour où naît un roi qui fait ainsi s'attirer la faveur des dieux ! L'âge où il a vécu reste toujours dans le bon souvenir des hommes.

Les liens du loup *Fenris* seront rompus, il se jettera avec fureur sur ses ennemis, avant qu'un aussi bon roi reparoisse sur la terre réduite maintenant à un triste veuvage. (4)

Les richesses périssent, les parens meurent, les campagnes sont ravagées ; mais le roi Haquin habitera avec les dieux, tandis que son peuple s'abandonne à la douleur.

REMARQUES

Sur l'Ode précédente.

(1) On a vu dans l'*Edda* qu'elles se nommoient dans l'ancienne langue du Nord *Valkyries*, ou celles qui *choisissent les morts*. C'étoient les fées qui avoient déterminé ceux qui devoient mourir d'après les ordres d'*Odin*. La famille d'*Yngue* ou des *Ynglingiens* qui remontoit jusques à *Odin*, comme toutes les familles des princes du Nord, occupoit depuis des siècles le trône de Norvège.

(2) *Haquin* veut dire, pourquoi ne nous as-tu accordé la victoire qu'au prix de mon sang & de celui de mes huit frères ? & les fées répondent que sans elles il ne l'auroit pas obtenue, & qu'il doit être assez content puisqu'il est vainqueur.

(3) *Hermode* un des fils d'*Odin*, c'est le même qui étoit allé aux enfers pour en ramener *Balder* dont le méchant *Loke* avoit causé la mort. *Brage* autre fils d'*Odin*, l'orateur & le poëte des dieux.

(4) C'étoit dire en style poétique que jusques à la fin du monde on ne reverroit un aussi bon roi. On doit se rappeler ici ce que dit l'*Edda* du loup *Fenris*, image allégorique du mauvais principe ou peut-être seulement du temps qui consume & détruit tout ce qui existe, & dévorera le monde entier lui-même au dernier jour.

On ne trouvera plus ici qu'une seule pièce, mais elle sera plus considérable que les précédentes, & divers détails qu'on y lira, nous retraceront plus vivement encore les mœurs & le génie des temps que nous voulons connoître. Je l'ai tirée d'un recueil d'anciens monumens historiques du Nord publié par M. E. J. *Biörner* savant Suédois, sous le titre de *Nordiska Kämpedater*, &c. c'est-à-dire, *exploits des rois & des héros du Nord*, &c. Stockholm 1737. Cet auteur l'avoit publiée sur un manuscrit conservé dans les archives du collége des antiquités en Suède, & il y a joint une version suédoise & une latine. Je me suis autant aidé de la première que j'ai pris soin de m'éloigner de la seconde; car M. *Biörner* après avoir suivi fidellement son original dans l'une, a employé dans l'autre un style extrêmement fleuri, ou, pour mieux dire, si ampoulé qu'on méconnoit absolument dans cette traduction l'ancienne simplicité des poëtes du Nord. Il me semble qu'on ne sauroit assez proscrire ce goût & ce style dans des traductions d'ouvrages anciens, dont la naïveté &

la simplicité originales font le mérite principal.

On ne feroit pas fondé à dire que cette pièce appartenant aux antiquités de Suède, & non à celles de Dannemarc, elle ne doit point avoir place ici. Ceux qui connoiffent les unes & les autres favent qu'anciennement les mœurs & les ufages des deux royaumes ont fi peu différé que ces emprunts réciproques ne fauroient caufer aucune erreur confidérable. D'ailleurs le poëme dont nous parlons a été reclamé par des favans Danois comme une production de leur patrie; on l'a même inféré à-peu-près tel qu'on le verra ici, dans un recueil d'anciennes chanfons danoifes (1). Pour moi je ferois affez porté à croire qu'il a pu être chanté dans diverfes parties de la Scandinavie, & que chacun fe plaifoit à placer la fcène chez foi pour fe faire honneur des grands coups d'épée qui y font décrits. Les exemples de ce genre ne font point rares dans ces fiècles reculés.

A l'égard du temps où ce poëme a

___

(1) Voy. N. 20 in Centur. Cant. Danic. prior. Part. prim. ab *And. Velleio* compil. & édit. ann. 1695. cum cent. fec. a *pet. Syvio.*

été composé, si l'on en jugeoit par le langage de l'original que nous avons à présent, on le croiroit du treizième ou du quatorzième siècle ; mais il est constant qu'il doit être d'une date beaucoup plus ancienne, puisque les mœurs qui y sont décrites, & la religion payenne à laquelle il est fait plus d'une fois allusion, appartiennent incontestablement aux temps qui ont précédé le dixième siècle. Il est donc très-vraisemblable qu'on a rajeuni le langage de ce poëme aussi souvent que le besoin de l'entendre l'a exigé ; le succès qu'il a eu dans tout le Nord a dû engager plus d'un poëte à se charger de ce soin. M. *Biörner* nous apprend qu'il l'a encore entendu chanter dans sa jeunesse avec quelques légers changemens par des paysans de la Medelpadie & de l'Angermanie provinces au Nord de *Stokholm*. A l'égard de ce qu'il ajoute que les héros qui y sont célébrés doivent avoir vécu dans le troisième siècle, c'est une chose qu'il est difficile d'avancer avec quelque certitude.

L'histoire de Charles & de Grym rois en Suède, & de Hialmar fils de Harec roi de Biarmie.

IL y avoit un roi nommé *Charles* qui commandoit à de vaillans guerriers; ses états étoient en Suède, & il y faisoit régner le repos & la joie : son pays étoit vaste & peuplé, & son armée consistoit en une jeunesse d'élite. La femme qu'il avoit épousée étoit la plus belle que l'on pût voir. Elle avoit donné au roi une aimable fille nommée *Inguegerde*. Cette princesse croissoit tous les jours en vivacité, en honneur & en grâces; & l'on disoit d'elle qu'elle n'avoit point de pareille en beauté non plus qu'en richesses. Aussi le cœur du roi en étoit-il tout réjoui.

Or il faut savoir qu'il y avoit un brave comte nommé *Eric* établi pour la défense du pouvoir & des états du roi (1). C'étoit un guerrier qui avoit passé sa vie dans le fracas des lances & des épées, & qui avoit terrassé plusieurs superbes héros. Il avoit épousé une dame très-illustre dont il avoit eu un fils nommé *Grym*. Ce *Grym* fut de bonne heure

grand

grand, & habile dans les exercices de la guerre. Il savoit rougir son épée dans le sang ennemi, courir sur les montagnes, lutter, jouer aux échecs, discerner les étoiles, jeter bien loin de grosses pierres, ensorte qu'il n'ignoroit aucune des sciences qui peuvent illustrer un héros. Aussi dès qu'il eut atteint l'âge de douze ans personne n'eût osé le défier, soit à l'épée, soit à l'arc, soit à la lutte. Cependant il faisoit souvent divers jeux dans la chambre des Demoiselles en présence de la belle fille du roi : empressé à s'en faire aimer, il lui montroit comment il savoit manier son excellente épée, & en lui faisant ainsi voir son habileté dans ces belles sciences qu'on lui avoit apprises, il en vint enfin à lui faire cette demande : *veux-tu, ma princesse, me posséder pour époux si j'en puis obtenir la permission ?* Cette sage fille répondit : *je ne veux point me donner de mari, mais va parler à mon père, & essaie de lui faire la même proposition.*

Ce brave guerrier s'en alla donc vers le roi, & le salua respectueusement en lui disant : *ô Roi ! donne-moi ta belle & riche fille.* Mais le roi en colère répondit : *tu t'es exercé quelquefois à manier les armes, tu as gagné quelques marques d'hon-*

neur; mais as-tu jamais rassasié par une victoire les bêtes féroces avides de sang? Grym répondit: où irai-je donc, ô roi! pour ensanglanter mon épée, & mériter d'avoir cette belle & charmante épouse. Je connois, dit le roi, un homme qui s'est rendu redoutable par le tranchant de son sabre; il met en pièces les plus forts boucliers, il gagne des armes brillantes dans les combats, & comble ainsi ses guerriers de richesses. Son nom est Hialmar; il est le fils de Harec qui gouverne la Biarmie (1). Je ne connois pas un homme plus brave, ni qui commande à des guerriers plus résolus. Va donc sans délai l'attaquer, & faire ainsi preuve de ta valeur. Livre-lui de violens assauts, & fais-lui promptement mordre la poussière; alors je te donnerai la belle Inguegerde toute brillante d'or, & avec elle une assez grande somme d'argent. Mais pense bien que ce sera un grand bonheur que d'abattre un héros tel que Hialmar. Quoiqu'il en soit, on te gardera en attendant ta belle dans un lieu sûr, & on aura soin de la parer richement. Là-dessus Grym s'en

───────────────

(1) Province qu'on croit être la Medelpadie, l'Angermanie, &c. d'aujourd'hui. D'autres pensent cependant qu'elle étoit au levant du golphe de Bothnie.

alla chez *Inguegerde*, & la regardant amoureusement il la salua. Elle le voyant lui dit : *quelle réponse as-tu reçue du roi ?* Mais *Grym* devant lui raconter ce qui s'étoit passé devenoit rouge & pâle tour à tour. Enfin il lui dit : *le roi m'a indiqué l'intrépide Hialmar, & je dois lui ôter la vie avant que de t'épouser.* Alors *Inguegerde* s'écria avec douleur : *ah ! mon père t'a donc dévoué à la mort ! mais tiens, voici un sabre qui peut entamer & ensanglanter la plus forte armure : gouverne-le bien dans les combats, & donnes-en de grands coups.* *Grym* considéra le tranchant de ce sabre qui s'appeloit, à ce qu'on assure, *Trausta*, c'est-à-dire, *consolateur*. En même temps sa maîtresse lui donna une armure, & *Grym* à cette vue jura qu'il ne reculeroit ni ne fuiroit lorsqu'il seroit en présence du prince son ennemi. Il alla ensuite vers son père, disant : *voici le temps où je puis accroître ma gloire : donne-moi aussitôt des vaisseaux & des soldats : je te confierai*, lui dit son père, *quinze galères & un grand & superbe vaisseau. Tu peux te choisir toi-même les armes les plus excellentes, & les guerriers que tu aimes le mieux.*

On convoqua donc une assemblée, & il s'y rendit une multitude d'hommes de plusieurs lieux éloignés. Ainsi *Grym* eut une vaillante troupe d'élite toute composée des plus braves guerriers. Chacun d'eux fut bientôt prêt à le suivre avec un noble empressement. Déjà cette armée d'hommes forts & vaillans s'avance vers le rivage. Ils poussent en pleine mer leurs vaisseaux richement appareillés. Couverts de leurs cuirasses d'un bleu resplendissant, ils déployent les voiles que le vent enfle avec force. Les cordages crient, les vagues écument & mugissent. Cependant *Grym* se disposoit à livrer de rudes combats, & à répandre au loin le carnage, persuadé que nul guerrier n'oseroit tenir devant l'attaque de ses flèches; il exigea de la plupart des siens un serment de fidélité. Ainsi ces braves héros dirigeoient leurs nombreux vaisseaux vers la Gothie, prêts à donner bientôt un repas suffisant aux corbeaux, & un festin abondant aux loups. En peu de temps toute la flotte touche à la terre ennemie, cette terre sur laquelle tant de héros devoient bientôt perdre la vie.

Ainsi *Grym* arriva en Gothie, & une belle femme étoit la cause de ce que les loups alloient se rassasier de carnage, & de ce que ses vaillans & superbes guerriers s'exposoient à combattre. Ayant regardé autour d'eux, ils virent des tentes dressées qui s'étendoient au loin dans la campagne, & près de-là une belle armée & de grands feux allumés. On ne douta pas que ce ne fût là le camp où commandoit *Hialmar*. En effet, ce héros s'avançant lui-même demanda aux braves soldats de *Grym* à qui appartenoient les vaisseaux qu'il voyoit. Alors *Grym* accourant lui dit son nom, ajoutant qu'il avoit déjà employé tout un été à le chercher. *Puisses-tu donc être heureusement arrivé*, dit *Hialmar*, *& recevoir honneur & santé! Je vais aussitôt te faire présenter de l'or & du vin pur*. Mais *Grym* repliqua: *je ne puis accepter tes offres, je viens ici dans un esprit irrité contre toi, prépare-toi à combattre & hâtons-nous de fournir une proie aux loups dévorans. Je vais te donner un meilleur conseil*, dit *Hialmar* avec une artificieuse adresse, *lions-nous ensemble par une étroite confraternité* (2), *& ne nous quittons ni jour ni nuit. Ne hasardons point le combat que tu te proposes: je connois assez les combats, & je préfère d'aller chercher dans ton pays une belle épouse, & de l'amener ici*. *Grym* plein d'indignation & de courroux s'écria: *arme-toi au plutôt, te dis-*

je, & cesse de craindre de tirer l'épée; allons, & que nos boucliers se heurtent & se brisent sous nos coups ! J'ai une sœur, continue Hialmar, qui est charmante à voir : je te donnerai cette aimable fille en mariage, & de plus la Biarmie avec le nom de prince, si tu veux t'abstenir de carnage pour cette fois. Je ne veux point ta sœur, répondit Grym, ne m'en parle pas davantage : il faudroit être un lâche pour refuser de combattre dans de pareilles vues, & d'ailleurs cette belle princesse ne tarderoit pas à en être informée. Hialmar répondit enfin avec colère : eh bien ! c'est assez éluder tes demandes ; ensanglantons, puisqu'il le faut, nos épées, & essayons leurs pointes aiguës sur nos boucliers. En même temps il saisit sa cuirasse blanche, son épée & son écu resplendissant qui n'avoit point de pareil dans le monde. Grym de son côté qui devoit donner les premiers coups étoit tout prêt à combattre : aussi emporte-t-il d'abord du tranchant de son sabre le bord du bouclier de Hialmar, & lui coupe-t-il une main ; mais Hialmar peu touché de cette perte, & loin de lui demander quartier, poussant son épée avec furie, enlève à Grym son casque & sa cuirasse, le perce dans la poitrine & dans le flanc, & fait couler son sang avec tant d'abondance que ses forces en sont abattues. Il se plaignoit cependant de ce que son épée avoit si peu blessé son ennemi, assurant que s'il avoit pu l'empoigner des deux mains, il lui eût fait mordre à l'instant la poussière. *Grym* levant alors son sabre des deux mains en frappe le casque de *Hialmar*, mais lui-même tombe aussi affoibli par sa profonde blessure d'où s'élancent des torrens de sang. Les guerriers de *Hialmar* ont soin d'enterrer son corps, & prenant de l'or ils l'enfouissent avec lui (3). *Grym* est emporté sur son vaisseau par ses compagnons qui mettent incontinent à la voile. Et telle fut la rencontre de ces deux illustres héros. Mais tandis que *Grym* navigeant se rapprochoit de sa patrie, ses plaies s'enfloient, ses forces diminuoient, & sa vie alloit en s'évanouissant. A son arrivée le roi & sa fille étant informés de son état, cette princesse entreprit la cure de ce brave héros, & l'ayant achevée ils furent unis ensemble. On prépara pour cela un festin dans la salle du roi, & toute la troupe des courtisans bien parée y fut régalée magnifiquement. Le vin & l'hydromel y coulèrent à grands flots, mais pour l'eau, personne ne s'en souvint. La joie fut grande pendant les nôces; le roi y distribua de l'or aux conviés, après quoi les premiers du royaume s'en retournèrent chez eux avec des présens d'or & d'argent; mais surtout la belle épouse de *Grym* combloit son héros de toutes sortes de délices.

Il faut à présent rapporter ce qui s'étoit passé auparavant. Les guerriers de *Hialmar* avoient été consternés de voir leur chef tomber sous l'épée du brave *Grym*, & le cœur ulcéré de douleur, ils disoient qu'on ne trouveroit jamais son pareil. Ainsi ils reprirent le chemin de leur pays tristes & abbattus, mais nourrissant en même temps un cruel désir de vengeance. Ils firent voile vers la Biarmie, & la violence des vagues les secondant, ils revirent bientôt le château du roi *Harec* (père de *Hialmar*.) A cet aspect leur douleur fut un peu soulagée, & ayant mis promptement pied à terre ils entroient chez eux quand le roi parut venant au devant d'eux. Ce prince voyant ses guerriers pâles, défaits, & les yeux éteints, leur demande si *Hialmar* est resté sur son bord, & s'il a obtenu l'épouse qu'il cherchoit? *Hialmar*, répondirent-ils, *n'a pas reçu dans le combat de légères blessures; sa vie lui a été enlevée, il n'a pas même pu voir sa belle maîtresse.* Le roi consterné pousse un profond soupir, & s'écrie: *certainement c'est une grande perte que la mort de Hialmar : qu'ainsi tous ceux qui le peuvent fassent raisonner le cor. Je veux aller ravager la Suède : que tout guerrier qui porte un écu, pousse les vaisseaux en mer ; commençons de nouveaux combats, que les casques soient rompus, que tout se prépare pour le fracas des épées.* Ainsi tout le pays fut dépeuplé par cette convocation de guerriers qui entretenoient dans leur cœur le désir des froids combats, afin de consoler *Hialmar* par une prompte vengeance. Le rendez-vous des troupes ayant été annoncé, une multitude d'hommes y accourut de tous côtés. Les plus distingués d'entre ces guerriers étoient revêtus de cuirasses, de boucliers, & portoient des armes dorées qui resplendissoient au loin sur leurs corps.

Harée ayant donné aux autres des armures d'un dur acier, des casques, des cuirasses, des épées, des flèches, & des boucliers, conduisit ainsi hors de la *Biarmie* ces guerriers, tous gens dispos & résolus. Ils montèrent incontinent sur leurs navires, & pleins de courage ils mettent à la voile, rangeant sur les bords de leurs vaisseaux leurs boucliers qui lançoient d'éclatans rayons de lumière : leurs voiles étoient d'une belle étoffe ornée de bandes bleues & rouges. *Harec* les exhortoit à la vengeance & à l'intrépidité par des discours militaires. Tous ses soldats suivant ses avis haussent & déployent les voiles à l'envi les uns des autres ; les froides ondes poussent à grand bruit la flotte, le vent redouble sa violence, la mer s'enfle & s'irrite, les vagues écumantes s'élancent sur les vaisseaux. Toute cette expédition étoit rapide comme l'éclair, & les femmes marines les suivoient à peine pour dévorer la poix dont leurs navires éoient goudronnés. Enfin les héros de Biarmie touchent à la terre de Suède, ils s'y amarrent & jetent leurs ancres dans le fond des ports. Leurs cables poissés sont abbattus & flottans sur leurs bords, & de leurs chaloupes ils gagnent le rivage ; là ils se hâtent de se couvrir de leurs casques : *Harec* irrite leur vengeance par ses discours, & leur commande de mettre tout le pays à feu & à sang. L'armée n'est pas lente à lui obéir, le ravage commence aussitôt, la flamme s'étend sur toute la contrée & ses habitans perdent leur vie avec leur gloire. La Suède est consumée au loin par le feu, ses héros sont abbatus. On n'entend que les longs retentissemens des clairons, & l'on ne voit que des têtes tranchées par le fer. Enfin le comte *Eric* apprit que la guerre désoloit les états de *son roi*; ce héros ceignit aussitôt sa redoutable épée pour arrêter le désordre. Il appela à soi & les hommes libres & les esclaves dans tout le royaume: bientôt cette troupe fut armée, cette troupe parmi laquelle tant d'hommes étoient destinés à perdre la vie. Les deux armées en vinrent aux mains, les épées s'émoussoient en frappant sur les boucliers & les casques: les guerriers faisoient retentir les trompettes bruyantes, les flèches perçoient les combattans, le fer tranchoit leurs membres, ensorte qu'ils sembloient presque tous dévoués à la mort.

Il y avoit à cette bataille un brave guerrier nommé *Grund*, excellent dans l'art de mettre en pièces les boucliers les plus forts, & d'engraisser par de bons repas les loups affamés. Il faisoit les fonctions de duc dans le royaume de *Harec*. C'étoit un homme plein d'ardeur dans les combats, soit à l'épée, soit à la lance, & qui avoit déjà consacré bien de beaux corps à la mort. Ce vaillant héros se jeta en furieux dans la mêlée, & abattant à ses pieds plusieurs guerriers couverts de sueur & de sang, il les dévoue aux bêtes féroces. Le comte *Eric* enflammé de colère & de vengeance court au-devant de lui, mais une grêle de flèches l'abbat lui-même & fait reculer ses compagnons ; le reste de ses soldats le voyant couché sur la poussière, jette ses boucliers en terre & sauve sa vie en fuiant. Les vainqueurs répandent des flots du sang des vaincus, & poussant d'horribles cris de joie ils usent les tranchans de leurs épées sur les boucliers des ennemis. Ceux-ci se retirent en hâte dans les bois, laissant le champ couvert de leurs pâles compagnons, irrésolus, consternés, & n'ayant plus ni boucliers ni casques pour leur défense, tandis que les Biarmiens victorieux, peu soigneux de la gloire & de la vertu, se mettent à brûler les maisons répandues dans la campagne.

On annonce aussitôt au roi *Charles* que ses guerriers, que son comte *Eric* lui-même ont péri, & que son armée nage dans des fleuves de sang. On lui dit, qu'il y a à la suite de *Harec* un duc nommé *Grund* qui de son épée resplendissante a fait un vaste carnage de ses gens. *Grym* entendit aussi ce récit, & lançant avec force son couteau l'enfonça dans la table, mais le roi la perça avec le sien de part en part. A l'instant chacun court à ses armes, & s'en revêt à sa manière. La trompette retentit, tout guerrier se prépare, & les femmes vivement allarmées s'abandonnent à leurs frayeurs.

Cependant le peuple se rendit en foule vers le roi disant qu'une calamité mortelle s'étoit répandue sur la Suède, & que le feu dévoroit les biens de tous les habitans sans distinction. Le roi, à l'ouïe de ces malheurs imprévus, rougit de colère, & leur ordonne d'ensanglanter l'acier bleuâtre de leurs armes. Les brillantes trompettes retentissent avec fracas, & à ce bruit les soldats jurent de venger leurs pertes. *Grym* qui ne respire que les rapides combats se couvre d'une précieuse cuirasse ; revêtu de son armure il paroît encore plus beau, & son épée répand le plus brillant éclat. Toute sa troupe impatiente de combattre se jette sur les Biarmiens en lançant des pierres. Les soldats d'élite de *Harec* frappent de leur côté & courent aux coups à l'envi. Les plaies s'empressent de s'ouvrir sous la pointe de leurs épées. Les piques & les flèches se lancent avec force ; *Grund* tranche les jours de tout ce qu'il rencontre : *Grym* enflamme l'ardeur de ses gens ; le roi *Charles* témoin du choc de ces héros, frappe aussi long-temps de son épée les boucliers & les casques, & paie à la mort de nombreux tributs. Tout s'écroule à grand bruit sous ses coups terribles ; son épée resplendissante pénètre jusqu'au cœur. Ainsi les guerriers tomboient en foule dans cette bataille ; les vautours s'assembloient pour dévorer leur proie, les aiglons poussoient de grands cris, les bêtes carnassières guêtoient les blessés & les morts. Les éperviers au haut des airs se réjouissoient à grand bruit de voir ce repas fumant. Plusieurs loups étoient aussi présens à cette bataille. Cependant *Grund* se hâtoit de terrasser ses ennemis, & son épée étoit dégoutante de sang. Le roi *Charles* voit ses gens abattus & taillés en pièces par ce guerrier. Ils se rencontrent & le cœur ulcéré d'une horrible colère ils en viennent aux mains. Les coups qu'ils se portent redoublent & se précipitent de moment en moment, mais le roi accablé de blessures tombe enfin, & ses membres flottent dans son sang. A l'instant les brillantes filles de la destinée l'invitent à entrer dans le palais d'*Odin*.

Charles ayant ainsi succombé à la vue des loups avides & joyeux, *Grym* se jette avec fureur au travers des bataillons ennemis, & hurle au milieu des lames d'épée, tandis que *Grund* se glorifie d'avoir arraché la victoire à ses ennemis en tranchant de son épée, & le roi *Charles* & le comte *Eric*. Ensuite appercevant *Grym*. *Il ne me reste plus que toi, lui crie-t-il, avec qui je doive entrer en lice. C'est à toi à te venger : place-toi & combattons seul à seul ; il est bien temps que tu sentes aussi le tranchant de mon épée.* Aussitôt on voit s'élever leurs armes comme une noire nuée. *Grym* paroît tel que l'éclair, ils s'attaquent l'un l'autre, ils agitent leurs épées avec fureur, & les teignent dans leurs blessures. Enfin *Grund* est couvert de plaies, il est inondé des torrens de sang qui en découlent. *Grym* pousse un horrible cri de triomphe & de son épée infectée de poison il fend le casque de son ennemi, met son armure en pièces, & se fait jour jusques dans sa poitrine. Alors une grêle de traits est lancée des deux côtés, les flèches déchirent & tranchent tout ce qu'elles rencontrent, les épées traversent les corps & abbattent les têtes des guerriers aussi rapidement que si on les faisoit passer dans un monceau de neige. On arrache aux plus illustres les brasselets dont ils sont ornés ; le tranchant bleuâtre de l'épée déchire les boucliers & les armures de tous. Enfin les Biarmiens vaincus gagnent leurs vaisseaux, chacun s'enfuit autant que ses forces le lui permettent. Les vaisseaux sont détachés & éloignés, ces vaisseaux qui doivent porter dans leur pays des nouvelles si funestes ; mais les plus braves ne se retirent que lentement, & semblent en agitant leurs épaules vouloir encore insulter au vainqueur.

Cependant on ne vit pas que *Harec* se fût enfui comme les autres, ni que ce brave roi eût tourné le dos pendant ce combat. On le fit donc chercher soigneusement, mais ses compagnons se rendirent d'eux-mêmes avec lui auprès de *Grym* & lui dirent : *tiens, voici, tu as en ton pouvoir cet intrépide héros qui bien qu'appesanti par l'âge combat encore avec l'ardeur d'un jeune homme : ta renommée sera trompeuse si tu lui ôtes la vie, puisque c'est un homme dont on ne trouveroit qu'à peine le pareil.* Grym jette alors les yeux sur le roi, & la haine ne sembloit pas encore éteinte entre ces deux héros. D'ailleurs la mort de *Hialmar* étoit encore regrettée par le peuple quoiqu'elle eût été vengée. Enfin *Grym* prit la parole, & dit : *le roi mon beau-père a perdu la vie, & ton fils étoit célèbre par sa valeur : que nos pertes réciproques soient estimées égales, & que la mort de Grund compense celle du comte Eric. Pour toi, ô roi, accepte la vie & la paix : tu t'es assez signalé dans les combats ; garde tes vastes vaisseaux, & ton royaume de Biarmie*. La résolution généreuse de *Grym* plut à tout le monde. Les deux héros formèrent entr'eux une union étroite & fidelle. Le roi se réjouit de ce qu'on lui laissoit la vie, bientôt il reconduisit sa flotte en *Biarmie*. Les guerriers laissèrent reposer leurs armes, les blessés furent conduits chez eux & guéris : on éleva des collines pour les morts (4). *Grym* gouverna le royaume, chéri & honoré de son illustre épouse : il étoit magnifique, éloquent, affable, & tous les habitans célébroient ses louanges.

✻

REMARQUES

Sur la Pièce Précédente.

(1) *Un comte établi pour la défense*, &c.] Dans tous les états Germaniques où la nation obéissoit à un roi, elle se choisissoit un chef, nommé tantôt *comte*, tantôt *duc*. Les rois étoient issus de la famille royale qui avoit toujours quelque dieu pour auteur, mais on prenoit pour chef le plus brave guerrier. *Reges ex nobilitate, duces ex virtute sumunt*, dit *Tacite* des Germains. Ce mot est une clef pour l'histoire du moyen âge, comme M. de *Montesquieu* l'a fait voir. Sous la première race des rois de France les rois étoient héréditaires, les maires électifs. Les Francs avoient apporté cet usage de leur première patrie.

(2) *Une étroite confraternité*, &c.] Voilà bien manifestement les fraternités d'armes dont il est si souvent fait mention dans l'histoire de la chevalerie en France, en Angleterre, & ailleurs. *Joinville* est, je crois, le premier qui en parle en France, où l'usage n'en étoit pas aboli du temps de *Brantôme*. M. de Ste. *Palaye* rapporte les conditions de ces alliances dans ses excellens mémoires sur la chevalerie; elles ne différent à aucun égard de celles qui étoient en usage dans le Nord. On voit des exemples de ces confraternités dans nos plus anciennes chroniques, & en

général tout ce qui conſtituoit la chevalerie, étoit établi ici dans des temps où il ne paroît pas qu'on connût rien de ſemblable dans les états méridionaux.

(3) *Ils enfouiſſent de l'or avec lui.*] On a vu dans l'introduction à l'hiſtoire de Dannemarc, qu'une des principales cérémonies des funérailles conſiſtoit à enſevelir avec le corps du défunt tout ce qu'il avoit poſſédé de plus cher & de plus précieux. Quand on ouvre ces anciens tombeaux, on trouve encore divers inſtrumens de fer ou des vaſes de terre. Car quoiqu'en diſe notre poëte, on peut juger par le peu d'empreſſement qu'on a pour les ouvrir qu'on n'y enfouiſſoit pas ſouvent de l'or.

(4) *On éleva des collines pour les morts.*] Ceci prouve bien que les événemens racontés dans ce poëme ſont d'une date fort ancienne. Auſſi-tôt qu'il y eut des égliſes dans le Nord, on défendit ſévèrement d'enterrer en pleine campagne, comme c'étoit l'uſage des payens. J'ai déjà remarqué qu'on trouve preſque à chaque pas de ces collines funéraires dans la Scandinavie, & les pays voiſins de la Baltique. Les Norvégiens portèrent cet uſage avec eux en Normandie où l'on a ſouvent trouvé de ces collines toutes ſemblables à celles du Nord. On peut voir en particulier la deſcription qu'a faite le ſavant père de *Montfaucon*, de celle qui fut trouvée en 1605 dans le diocèſe d'*Evreux*.

Il ſeroit inutile d'étendre davantage ces remarques. Le poëme qu'on vient de lire peint d'une manière trop expressive les mœurs de ces temps pour qu'il soit nécessaire d'y rien ajouter. On y trouvera sans doute, aussi bien que dans presque toutes les pièces qui composent ce recueil, plus d'imagination que l'on n'eut cru devoir en attendre de ces siècles d'ignorance & de férocité, & d'un climat rigoureux. Cependant il faut ajouter que presque tout ce qu'il y avoit de grâces & d'esprit dans ces poésies est perdu pour nous, qui ne les lisons que dans une prose traduite, qui ne devinons que rarement & avec effort les allégories dont elles étoient remplies, & qui n'entrons ni dans le système de leur mythologie, ni dans les mœurs des temps où ils écrivoient.

Que faudra-t-il conclure de tout cela ? Douterons-nous que ces Scandinaves poëtes, & quelquefois poëtes animés & ingénieux, n'ayent été les mêmes que les Scandinaves féroces qui ont brûlé Rome, renversé l'Empire, ravagé l'Espagne, la France & l'Angleterre ? Ce seroit démentir inutilement l'histoire. Reconnoissons plutôt que le feu des passions peut échauffer les cerveaux au défaut du soleil, & que l'imagination peut être assez cultivée chez les hommes, bien des siècles avant que leur raison sorte de l'enfance.

Je ne puis mieux terminer cette traduction de l'Edda & des poésies anciennes qu'on vient de lire que par ces paroles d'un célèbre savant Anglois qui a fait de profondes recherches sur l'histoire de sa patrie. « Certainement, dit-il, » si l'Edda n'existoit pas les actions de » nos ayeux seroient plongées dans l'oubli & dans d'épaisses ténèbres ; car » quoique ce livre ne puisse servir pour » établir un ordre chronologique dans » l'histoire, on y trouve cependant la » source des connoissances les plus complètes sur leur théologie, leur religion, » leurs mœurs & leurs usages ». (*Sheringham de orig. anglor. p.* 265.)

F I N.

TABLE

DES

PRINCIPAUX ARTICLES

contenus dans ce volume.

Avant-propos. pag. 5
Edda ou Mythologie Celtique, première partie. 53
Idée de la seconde partie de l'Edda. 255
Idée de l'ancienne Edda. 265
Odes & autres poésies anciennes. 292
Ode du roi Regner Lodbrog. 295
Ode de Harald le vaillant. 302
L'éloge de Haquin, Ode. 305
L'histoire de Charles & de Grym rois en Suède, &c. 321

Fin de la Table du second Volume.

www.ingramcontent.com/pod-product-compliance
Lightning Source LLC
Chambersburg PA
CBHW060635170426
43199CB00012B/1558